ESPIRITISMO
EM SETE LIÇÕES

Coleção Religiões em Sete lições
Coordenadores: Volney J.
Berkenbrock e Dilaine Soares
Sampaio

Dados Internacionais de Catalogação na Publicação (CIP)
(Câmara Brasileira do Livro, SP, Brasil)

Camurça, Marcelo Ayres
  Espiritismo em sete lições / Marcelo Ayres Camurça. –
Petrópolis, RJ : Vozes, 2022. – (Coleção Religiões em Sete
Lições)

  Bibliografia.
  ISBN 978-65-5713-329-3

  1. Espiritismo 2. Espiritismo – Doutrinas 3. Espiritismo –
História I. Título. II. Série.

21-86487   CDD-133.9

Índices para catálogo sistemático:
  1. Espiritismo   133.9

Cibele Maria Dias – Bibliotecária – CRB-8/9427

MARCELO AYRES CAMURÇA

ESPIRITISMO
EM SETE LIÇÕES

Petrópolis

© 2022, Editora Vozes Ltda.
Rua Frei Luís, 100
25689-900 Petrópolis, RJ
www.vozes.com.br
Brasil

Todos os direitos reservados. Nenhuma parte desta obra poderá ser reproduzida ou transmitida por qualquer forma e/ou quaisquer meios (eletrônico ou mecânico, incluindo fotocópia e gravação) ou arquivada em qualquer sistema ou banco de dados sem permissão escrita da editora.

CONSELHO EDITORIAL

Diretor
Gilberto Gonçalves Garcia

Editores
Aline dos Santos Carneiro
Edrian Josué Pasini
Marilac Loraine Oleniki
Welder Lancieri Marchini

Conselheiros
Francisco Morás
Ludovico Garmus
Teobaldo Heidemann
Volney J. Berkenbrock

Secretário executivo
Leonardo A.R.T. dos Santos

Editoração: Fernando Sergio Olivetti da Rocha
Diagramação: Sheilandre Desenv. Gráfico
Revisão gráfica: Anna Carolina Guimarães
Capa: Ygor Moretti

ISBN 978-65-5713-329-3

Este livro foi composto e impresso pela Editora Vozes Ltda.

Para Marion Aubrée, un hommage.

Sumário

Apresentação, 9

Introdução, 15

Primeira lição – O fundador e os fatos fundantes, 19

1.1 Contexto histórico e social do surgimento do Espiritismo, 27

1.2 Expansão do Espiritismo na França, 28

1.3 Espiritismo para além das fronteiras da França e o papel do Brasil como atual centro irradiador da doutrina, 34

1.4 Expansão por fragmentação e consolidação do Espiritismo no Brasil, 40

1.5 A relação intensa – conflitiva e sincrética – entre Catolicismo e Espiritismo no Brasil, 49

Segunda lição – A Doutrina Espírita, 65

Terceira lição – Espíritos superiores, de luz, evolução, tipologia dos espíritos e santidade, 79

Quarta lição – A codificação kardequiana e a literatura mediúnica de Chico Xavier: textos canônicos do Espiritismo?, 87

Quinta lição – A organização institucional no Espiritismo, 101

Sexta lição – Ritual no Espiritismo, 109

Sétima lição – Ambiência dos Centros Espíritas e seus símbolos, 121

Bibliografia, 127

Apresentação

As múltiplas tradições religiosas e espirituais da humanidade são testemunhas do esforço humano por refletir a existência em seus muitos aspectos: pessoais, sociais, históricos, cosmológicos. Elas recolhem, guardam, sintetizam, expressam variadas dimensões da trajetória humana. E isto já há milhares de anos. Ao mesmo tempo, as tradições religiosas são sistemas vivos e dinâmicos, continuam a suscitar na atualidade reflexões, admiração, devoção e até curiosidade; mas também controvérsias, críticas e dúvidas. É inegável, entretanto, que as religiões têm um lugar muito importante na história da humanidade e não se poderia entender as sociedades atuais sem entender o papel que nelas as religiões desempenham. Isto se torna muito claro especialmente em nosso país, onde mais de 90% das pessoas se declaram pertencentes a alguma religião ou afirmam acreditar em Deus, mesmo que não possuam vínculos institucionais religiosos.

A Coleção Religiões em Sete Lições quer apresentar a seus leitores e leitoras esta rica herança. O número sete foi escolhido pela enorme carga simbólica que carrega em diversas religiões. Nossa lista poderia ser bem longa; mas, para exemplificar, citamos apenas alguns elementos. Para o Judaísmo e o Cristianismo, o mundo foi criado em sete dias; na Umbanda, as entidades espirituais são comumente abrigadas em sete linhas; no Islã fala-se dos sete céus, e a estrela de sete pontas tem valor mágico para diversas tradições religiosas. Assim, consideramos interessante trazer todo esse simbolismo do número sete como lições em cada volume desta série de obras.

Esta coleção tem como ponto de partida a convicção de que cada tradição religiosa é portadora de uma herança sapiencial. Por isso ela pretende em cada um de seus volumes apresentar uma tradição religiosa, para que leitoras e leitores possam se aproximar desta sabedoria memorável. Não é intuito dos textos convencer as pessoas à adesão religiosa nem comparar os sistemas religiosos entre si, muito menos criticá-los, mas tão somente ser um instrumento de conhecimento e compreensão da respectiva religião. A coleção é composta de obras com caráter introdutório para aqueles e aquelas que desejam adquirir um conhecimento básico sobre determinada religião, de forma que os estudos acadêmicos realizados em centros de ensino e pesquisa sobre os diversos sistemas religiosos se tornem mais acessíveis e divulgados, ultrapassando os espaços das universidades. Com uma linguagem direta e objetiva, a coleção se destina a um público amplo, desde estudantes e professores do campo das Ciências Humanas até toda pessoa interessada no tema religião.

Dado que os sistemas religiosos possuem muita variedade em termos de história, organização, doutrina e vivência, optou-se por uma estrutura comum a ser seguida em todas as obras, composta por sete capítulos – daí as sete lições. Mesmo que os capítulos e subcapítulos de cada volume tenham títulos diversificados, eles estão guiados pelo seguinte roteiro: (1) um panorama histórico do surgimento e expansão da respectiva tradição; (2) uma apresentação das doutrinas e ensinamentos que a distinguem e caracterizam; (3) a compreensão de divindade, seres superiores-espirituais, sagrado ou transcendência – ou a ausência desta dimensão – na religião apresentada; (4) as narrativas fundantes ou mitológicas, bem como os textos sagrados, quando houver; (5) a organização institucional, bem como a estrutura hierárquica na respectiva religião; (6) os ritos e celebrações com suas formas, calendários e significados e (7) a dimensão material pela qual a respectiva religião se faz apresentar, como símbolos, arte, templos etc.

O tema específico deste volume da coleção é a apresentação do Espiritismo, religião presente em nosso país desde meados do século XIX. Embora seja muito conhecido na sociedade de uma forma geral, seus adeptos e adeptas já sofreram e, de certo modo, ainda sofrem preconceitos ou se veem incompreendidos em sua proposta doutrinária e prática. O Espiritismo já ganhou as telas do cinema nacional em filmes como *Chico Xavier* (2010), *Nosso lar* (2010), *As mães de Chico Xavier* (2011), *Kardec* (2019), dentre outros, e conseguiu um público muito expressivo, sendo alguns deles sucesso de bilheteria como *Chico Xavier* e *Nosso lar*, o que demonstra o interesse sobre esta religião no Brasil. Afinal, como bem mostra Marcelo Camurça – autor deste volume da coleção –, a expansão do Espiritismo no mundo é tributária do sucesso da implementação da religião em nosso país, uma vez que o "modelo brasileiro se constitui numa referência exemplar", o que faz do Brasil o maior país espírita do mundo.

Trazer o Espiritismo na Coleção Religiões em Sete Lições é um desafio que nosso autor enfrenta com louvor, uma vez que o discurso espírita postula geralmente um caráter científico e filosófico da doutrina, combinado a sua dimensão espiritual, havendo, assim, dificuldade para inseri-lo nos moldes das grandes religiões. O objetivo da obra, entretanto, não é optar por esta ou aquela posição, mas sim apresentar esta tradição e suas características. Marcelo Camurça é antropólogo, com longa atuação na área de Ciência da Religião, e possui diversas pesquisas e obras publicadas sobre o tema. Para quem desejar ler mais sobre esta temática, ao final desta obra se encontram indicações de outras publicações que servirão como um pequeno guia para as pessoas que tiverem interesse em se aprofundar na temática.

Além de proporcionar a leitoras e leitores um conhecimento amplo sobre cada tradição religiosa apresentada, esperamos ainda que a Coleção Religiões em Sete Lições possa contribuir para uma cultura de paz e para o respeito à diversidade religiosa, pois, embora se divulgue que no Brasil não há guerras religiosas, as pesquisas mostram o quanto a intolerância religiosa faz vítimas entre nós, especialmente no caso das religiões minoritárias. Assim, ao apresentar a diversidade religiosa a um grande público, fazemos com que o desconhecido se torne mais conhecido, o que pode ser um fator importante para redução ou diluição de preconceitos com relação a uma determinada religião.

Desejamos a todas as pessoas uma excelente leitura e aguardamos ansiosos a crítica do público!

Dilaine Soares Sampaio e
Volney J. Berkenbrock

Coordenadores da
Coleção Religiões em Sete Lições

Introdução

Neste livro enfrento o desafio de situar o Espiritismo dentro das *sete lições* ou sete dimensões que compõem as religiões em geral. Dificuldade causada pelo fato de o Espiritismo ser um credo *sui generis*, modelado no século XIX sob a marca da Modernidade, postulando constituir-se mais como uma doutrina de conteúdo científico e filosófico combinada ao espiritual. Neste sentido, o Espiritismo se recusa a ser uma religião com dogmas, mitos, rituais, sacerdotes e templos, estruturando-se a partir de pesquisas, experimentos e estudos, enfim de uma racionalidade, com regras e métodos para alcançar o transcendente. Isto, com implicações e derivações filosófico-morais que redundam numa ética de vida, cujo eixo central é a caridade para com o próximo.

Porém, a despeito de pretenderem uma via para o espiritual por meio da *verificabilidade*, da lógica e da razão, o que definem como *fé racionada*, ao buscarem desvendar as verdades do além – misterioso, incognos-

~ 15 ~

cível – para fixar seus postulados e instruir seus adeptos, podemos encontrar correspondências e reconhecer determinadas práticas e conteúdos que podem ser classificados como ritos, cânones e mitos.

Desta forma, para transplantar as sete lições/dimensões que compõem as religiões em geral, para o Espiritismo o faço por aproximações com os conteúdos convencionais destas religiões tradicionais, dentro de uma perspectiva da *história comparada das religiões*. Isto pode me dar a vantagem de fazer uma tradução do *modus operandi* espírita para o modelo das religiões clássicas, mas ao mesmo tempo destacar as particularidades e originalidades construídas pelo Espiritismo *desde dentro* na sua crítica e arranjo entre ciência e religião, respeitando a dinâmica de sua historicidade.

Ao tomar a trilha das *religiões comparadas* optei por privilegiar obras de História, Filosofia, Sociologia, Antropologia que tratam do fenômeno do Espiritismo, com uma pesquisa nas obras doutrinárias espíritas bem menos avultada. Esta opção, que pode ser questionada, me oferece a vantagem de não cair num intricado e árduo debate doutrinário, acima dos objetivos de um livro de divulgação.

Espero que logre relativo êxito neste empreendimento, mesmo sob risco de críticas que possam vir tanto do meio espírita quanto do meio acadêmico devido, em ambos os casos, a impropriedades que possam advir da equiparação da Doutrina Espírita ao figurino das religiões. Mas todo o empreendimento de estabelecer tipologias, classificações ou modelos explicativos corre este risco natural.

Primeira lição

O fundador e os fatos fundantes

Hippolyte Léon Denizard Rivail, o futuro Allan Kardec, nasceu na cidade francesa de Lyon em 3 de outubro de 1804. Fez sua formação escolar no Instituto de Educação fundado por Johann Heinrich Pestalozzi em Yverdon, Suíça, onde recebeu uma educação de cunho liberal que se demarcava daquela do catolicismo conservador. No instituto aprofundou-se no conhecimento do idioma alemão, inglês, holandês e de línguas latinas como o grego e o latim, que passou a ministrar como aluno submestre. Também adquiriu do protestantismo liberal, que regia à instituição, características que moldariam sua personalidade e que levaria para o Espiritismo, como a sobriedade, o despojamento de cerimônias, a pontualidade e o rigor (AUBRÉE; LAPLANTINE, 2009, p. 38).

Ao sair do instituto radicou-se em Paris por volta de 1822. Na capital francesa dedica-se ao magistério, à tradução de livros estrangeiros e à elaboração de obras didáticas. Sua primeira obra, datada de 1824, é o *Curso prático e teórico de aritmética*, indicado para o ensino das primeiras noções de matemática às crianças. Funda, em 1825, seu próprio estabelecimento de ensino, a École de Premier Degré. Em 1832, casa-se com Amélie-Gabrielle Boudet, que é também educadora, e juntos fundam o Instituto Rivail no mesmo endereço de sua residência. Devido à concorrência com as escolas das congregações religiosas e leigas tradicionais e das dívidas de seu sócio, o instituto termina por fechar suas portas. Após a falência do instituto, Rivail continua seu trabalho de tradutor, escritor, assim como oferece cursos particulares de química, física e astronomia. De 1824 a 1850 dedica-se à atividade pedagógica escrevendo cerca de 20 livros consagrados ao ensino da gramática, matemática e projetos para a educação pública, tendo como marca destes métodos uma educação moral.

Paralelo à sua intensa atividade pedagógica, Rivail manteve interesse em pesquisas sobre o psiquismo humano. Neste particular, pelo estudo de forças invisíveis que atuam sobre os homens. Para tal, dialoga com duas teorias em voga na época: o mesmerismo e o sonambulismo. A teoria de Franz Mesmer, também conhecida como *magnetismo animal*, advogava a existência de um fluido magnético que atravessava e vitalizava os corpos humanos. Para restabelecer a saúde corporal era preciso liberar o fluxo, através de toques em partes do corpo que internamente bloqueavam sua passagem. Também no caso do sonambulismo, através de técnicas de hipnose, alcançava-se uma outra dimensão no indivíduo que se submetia a este processo e que neste estado percebia e via dimensões para além do empírico, podendo diagnosticar doenças e prescrever medicamentos. Rivail, desde 1823, estudava o fenômeno do sonambulismo e tornou-se um provado magnetizador aplicado à função terapêutica.

Em 1854, irrompeu nos salões de Paris o acontecimento das *mesas girantes*, quando estes objetos se moviam e respondiam perguntas. Intrigado com o fenômeno, Rivail decide investigar se era o fluido magnético que estava por trás daqueles objetos estáticos fazendo-os moverem como uma espécie de eletricidade. Começou, então, a frequentar sessões na casa da Madame Plainemaison a partir de convite do seu amigo Fortier, onde ocorriam experiências com mesas que se moviam e também efeitos físicos de escrita sem auxílio da mão humana em pedra de ardósia. Ao observar esses fenômenos, passou a considerar a influência de uma causa inteligente por trás dessas ocorrências. Em seguida passa a ir nas sessões na casa do Sr. Baudin, a convite deste, para empreender uma pesquisa mais detida sobre o mundo espiritual através de suas duas filhas, Caroline e Julie, que recebiam comunicações dos espíritos na condição de médiuns. Nesse momento, já havia se dissipado o seu ceticismo inicial. É nessa ambiência que Rivail dedica-se a uma pesquisa e estudo mais sistemático destes fenômenos. Ele prepara perguntas de cunho filosófico, ético, ontológico e cosmológico para serem respondidas pelos ditos espíritos, particularmente por Zéfiro, seu interlocutor mais constante. Logo depois, em 1856, amplia sua consulta a demais espíritos, ao frequentar o grupo de Victorien Sardou, Carlotti, Tiedman e Taillandier, o último da Academia de Ciências, onde através da médium Céline Japhet obtém mais repostas ao elenco de suas questões sobre os temas arrolados por ele. Rivail também amplia suas fontes de captação das mensagens espirituais. Segundo ele, mais de dez médiuns também auxiliaram na tarefa. Da compilação de todas estas respostas por Rivail, em um texto com um corpo doutrinário coerente nascia, em 18 de abril de 1857, *O livro dos Espíritos*. Aqui, pela primeira vez, Rivail assina a obra como Allan Kardec, indicando a transição de sua persona de um intelectual laico para um líder de uma corrente espiritualista.

A forma canônica que o Espiritismo difundiu para explicar a adoção por Rivail do cognome que o identificou como líder da doutrina, replicada por diversas análises acadêmicas, foi a de que Allan Kardec teria sido uma existência anterior dele, como um druida que vivera na Gália na Antiguidade. No entanto, não há em toda a obra publicada de Kardec registro desta justificativa. Segundo Araújo, a única exceção nos termos de uma explicação – que não é esta que sempre esteve em voga – foi uma carta dele, na qual justifica a escolha do pseudônimo como uma prática utilizada por muitos escritores e que, no caso, ele podia reivindicar em nome pessoal e do Espiritismo com o aval dos espíritos superiores (ARAÚJO, 2016, p. 45). Na verdade, esta versão de Allan Kardec ter sido uma antiga encarnação de Rivail como um druida foi veiculada pelo primeiro biógrafo de Kardec, Henri Sausse. Este afirma que a revelação foi feita pelo espírito com quem mais dialogava, Zéfiro, através da mediunidade das irmãs Badouin. Araújo contextualiza essa escolha de Rivail por uma identidade extraída do imaginário gaulês, no fato de que a cultura céltica funcionava como referência não só para espíritas, mas também para ocultistas e esotéricos da época (ARAÚJO, 2016, p. 46). Por fim, ele atribui como um dos motivos pelos quais a versão de Sausse ter se tornado hegemônica na narrativa espírita, à *força simbólica* que remetia o Codificador da doutrina à ideia de reencarnação e de missão programada no mundo espiritual para o seu papel na fundação do Espiritismo (ARAÚJO, 2016, p. 48).

Os biógrafos de Kardec falam em duas fases de sua vida pública: o *período pré-espírita* ou *pedagógico*, no qual ainda era o Professor Rivail, e o *período espírita*, quando se torna o Codificador da Doutrina e líder do Movimento Espírita. Uma questão, então, se coloca. Haveria uma ruptura ou continuidade na sua personalidade? Para Aubrée e Laplantine, esta assunção de uma identidade religiosa não faz de Rivail/Kardec *um iluminado, iniciado ou profeta*; ele permanece com seu estilo *frio, calmo e ponderado* do pesquisador e homem de ciência. Para estes autores não há "nenhuma ruptura entre o educador [...] e o fundador do 'Espiritismo científico'" (2009, p. 44-45). No entanto, o fato da adoção de um pseudônimo celta, simbolizando encarnações suas em *vidas passadas*, com o qual passaria a ser conhecido publicamente, expressa um "ritual próprio do meio religioso que acompanha processos de redefinição de *status*" e de construção de uma nova identidade pública (STOLL, 2003, p. 37). Aqui, pode-se observar uma conciliação e uma tensão entre ruptura e permanência na vida do fundador da Doutrina. De um lado, o pesquisador isento que organiza metodicamente questões filosóficas e éticas para o entendimento do *mundo espiritual*. De outro, o missionário que reconhece, através deste labor de conhecimento *racional* do além, também um mandato espiritual que recebe do Espírito de Verdade (que Kardec acreditava ser Jesus) para se dedicar em tempo integral na missão de renovação espiritual da humanidade, mesmo com sacrifício do repouso e da saúde. Nos testemunhos de Kardec publicados posteriormente, pode-se perceber paulatinamente a sua compreensão de ultrapassar a condição de um pesquisador neutro do espiritual para aceitar a *missão divina* que lhe confiou o plano espiritual, enquanto *programação encarnatória*, de organizar e liderar o Espiritismo no mundo (ARAÚJO, 2016, p. 48-54). Ilustrativo desta postura de submissão aos desígnios dos céus foi a quase *profissão de fé* de Kardec diante do Espírito de Verdade, colhida por Araújo nas Obras Póstumas do Codificador: "Espírito de Verdade, eu vos agradeço [...] Aceito tudo sem restrição e sem precauções [...] Minha vida está em vossas mãos, disponde de vosso servidor" (ARAÚJO, 2016, p. 54). Passagem que lembra eloquentemente Maria diante da anunciação do Anjo Gabriel: "Eis aqui a serva do Senhor! Faça-se em mim segundo a tua palavra!"

Ao cabo de 12 anos de trabalho incansável de divulgação e organização do Espiritismo, tema que desenvolverei a seguir, Kardec adoece em 1866 por esgotamento, vindo a falecer em 31 de março de 1869, segundo uns autores de aneurisma e outros de crise cardíaca (AUBRÉE; LAPLANTINE, 2009, p. 52; DAMAZIO,

1994, p. 48) na sua casa da Rua Saint-Anne. Teve um enterro laico-civil de acordo com suas concepções e do Movimento Espírita, cujo féretro foi acompanhado por mais de mil pessoas, dentre os quais membros da Sociedade Espírita de Paris e de outras sociedades do interior da França. Seus restos mortais foram sepultados no Cemitério Pére-Lachaise[1]. Seus bens patrimoniais foram revertidos para uma Sociedade Anônima para serem depositados anualmente na Caixa Geral do Espiritismo destinada a cobrir gastos com a organização e expansão do movimento[2].

---

1 Na verdade, o corpo de Kardec foi enterrado no cemitério de Montmartre e só um ano depois seus restos mortais foram transferidos para o de Père-Lachaise, onde foi erigido um túmulo em forma de dólmen druídico, que tinha na sua fachada a inscrição "Nascer, morrer, renascer outra vez e progredir sem cessar, essa é a lei". A resolução da construção do túmulo partiu de Pierre Gaëtan Leymarie, o sucessor de Kardec na organização do movimento espírita com o aval de Amélie Boudet, a viúva de Kardec.

2 Contabilizo quatro biografias de Allan Kardec. A pioneira foi a que fez Henri Sausse, que segundo Araújo (2016, p. 45) terminou sendo adotada como a versão canônica (2012). Foi escrita a partir de um discurso pronunciado pelo autor na Société Fraternelle de Lyon em 1896 (AUBRÉE; LAPLANTINE, 2009, p. 39, nota 9). André Moreil publica na França (1986) uma versão considerada por Aubrée e Laplantine como "um livro espírita que faz o elogio de Allan Kardec" (AUBRÉE; LAPLANTINE, 2009, p. 39, nota 9). No Brasil, Zeus Wantuil e Francisco Thiesen, lideranças espíritas da FEB, escreveram em três tomos (1979) o que Aubrée e Laplantine consideram como "de longe o trabalho mais completo" sobre Kardec. No entanto, Araújo reprova na obra "o tom acentuadamente hagiográfico" com afirmações "sem apontar fontes documentais que sustentam determinada visão" (2016, p. 41-42, nota 24). Por fim, recentemente o jornalista Mário Souto Maior escreveu no Brasil a biografia mais recente (2013).

1.1 Contexto histórico e social do surgimento do Espiritismo

O Espiritismo surge num contexto histórico de busca por leis da natureza e do social. Nesta conjuntura, até os fenômenos metafísicos deviam ser submetidos ao rigor das ciências positivas e dos métodos experimentais. Todos os costumes tradicionais considerados como fonte de ignorância e obscurantismo necessitavam passar pelo crivo do positivismo experimental, que visava alcançar as leis que explicariam tanto o estado de natureza quanto o social.

O Espiritismo se encontra rigorosamente afinado com este *espírito da época* vigente na França que afirmava a inexistência do sobrenatural. Os escritos de Kardec participam do mesmo movimento de outros autores, como Victor Hugo e Renan, que propõem a dissolução naturalista do mistério e do místico. Para estes, mesmo o invisível possui uma natureza perceptível e submetida a "leis tão rigorosas quanto as que regem a matéria" (AUBRÉE; LAPLANTINE, 2009, p. 81). A palavra de ordem era a refutação do mistério. Desta forma, na França do século XIX, onde o Espiritismo surge, a rubrica de *científico* recobre, legitimando todo um horizonte de pensamento e da cultura. Segundo Aubrée e Laplantine, a França da época se tornou científica, "nada é gratuito, tudo tem sua razão de ser", aceita-se "apenas a causalidade, e não admite nenhum acaso, considerado como ignorância" (2009, p. 82). Sintomaticamente, um dos lemas do Espiritismo será *o acaso não existe*.

Kardec sofreu influência do positivismo de Auguste Comte, para quem a sociedade evolui em etapas sucessivas e obrigatórias, a famosa *lei dos três estados*: teológico, metafísico e positivo. No entanto, Kardec estende o processo evolutivo da história e da sociedade da filosofia positivista para o plano espiritual e transcendente, onde por reencarnações sequenciais todos os indivíduos alcançariam a culminância do projeto de Deus. Se em Comte predomina um determinismo de estágios em direção ao ápice que ele entendia ser a era do positivo, para Kardec a ideia de evolução sucessiva dos indivíduos – e como consequência das sociedades e até dos planetas do universo – converge da mesma forma, para uma teleologia/finalismo, só que tudo sendo determinado pelo plano da transcendência.

1.2 Expansão do Espiritismo na França

Um primeiro indicador da expansão do Espiritismo na França foi o súbito sucesso de venda de *O livro dos Espíritos*. Segundo Aubrée e Laplantine, "dos operários ao palácio das Tulherias, todo mundo se precipita sobre a obra" (2009, p. 44). A princípio Kardec não tinha intenção de organizar nenhuma corrente espiritualista/cientificista. No entanto, devido tanto ao reconhecimento de indivíduos e grupos acerca da existência e comunicação com os espíritos que buscam a adesão às ideias expostas no livro codificado quanto às objeções e ataques que recebe, ele decide criar uma modalidade de organização que estabelecesse um laço para com os seus adeptos. Ela se dá em torno da *Revue Spirite* e da Sociedade Parisiense de Estudos Espíritas, ambas criadas no início de 1858. A revista visava a difusão da doutrina e a coleta de comunicações espirituais vindas de várias partes do globo. Colaboram na publicação personalidades de destaque *encarnadas* da época, como Victor Hugo, Camille Flamarion, mas também *desencarnadas*, como Joana D'Arc, Santo Agostinho, Lutero etc. A Sociedade de Estudos, por sua vez, buscou criar um modelo de funcionamento dos grupos espalhados pela França e pelos continentes. Posteriormente, já sem a presença de Kardec, entre 1880 e 1910, ainda se verificará, na França e em outros países, um contínuo crescimento das *Sociedades espíritas* seguida de *Sociedades de pesquisas psíquicas*.

Em 1860, dentro de um esforço de difusão do movimento, Kardec empreende viagens de *propaganda* pelo interior da França. Começa por Lyon, onde o Espiritismo conta com cerca de 5 mil adeptos, mas que na visita posterior, em 1862, já alcança cerca de 30 mil. O mesmo se dá em outras cidades, como Bordeaux, Avignon, Montpellier, Tolouse, Tours e Orleans, onde de dezenas de adeptos o movimento cresce para milhares em cerca de dois anos. Dentre os segmentos sociais que aderem ao Espiritismo é muito expressivo o contingente de operários, que, segundo Kardec, por ser *a classe que mais sofre* é a que necessita *mais consolação* da Doutrina Espírita. Neste particular, pode-se estabelecer uma relação do Movimento Espírita com correntes do socialismo utópico de Fourier e Saint-Simon na sua visão de que uma etapa de justiça e igualdade para os deserdados sociais ocorreria em outras vidas futuras. Não é sem motivo que muitos dos primeiros médiuns foram arregimentados entre os revolucionários de 1848 (AUBRÉE; LAPLANTINE, 2009, p. 94).

Além deste contingente social, no decorrer de sua expansão o Espiritismo vai angariando adeptos na elite francesa: oficiais militares, médicos (homeopatas), advogados, juízes, professores, nobres e políticos. Aubrée e Laplantine afirmam que o movimento vai evoluir na França "graças ao mecenato que começa a se instaurar a seu favor" (2009, p. 120). Segundo eles, "chefes de empresa cedem aos espíritas, salas de reuniões onde conferencistas podem propagar suas ideias; eles legam suas fortunas etc." (2009, p. 120).

Refletindo em 1863 na *Revue Spirite* sobre as fases de propagação do Espiritismo, Kardec traça uma periodização que, sem dúvida, retrata a expansão do movimento na França (AUBRÉE; LAPLANTINE, 2009, p.

47; ARAÚJO, 2016, p. 91). Foram eles o *período de curiosidade* (que visava chamar atenção para os fenômenos mediúnicos), o *período filosófico* (onde a doutrina seria formulada) e o *período de luta* (devido às reações que o crescimento do Espiritismo provocou em religiões hegemônicas como a Igreja Católica, em grupos esotéricos concorrentes e também em segmentos da ordem jurídica e científica da época, como atestam os ataques que a nova doutrina sofrerá).

O episódio mais emblemático do cerco que a Igreja Católica moveu contra o Espiritismo emergente ficou conhecido como o *Auto de fé de Barcelona*[3], quando, em 1861, uma encomenda de 300 livros espíritas por um livreiro espanhol foi retida na alfândega de Barcelona, confiscada a mando do bispo por ordem do Santo Ofício e todas as obras queimadas em praça pública sob protestos e apupos da população. Além desse episódio, o Espiritismo continuou sendo atacado no púlpito das igrejas em virulentos sermões e através da imprensa clerical, como o livro *Evangelho contra o Espiritismo*, escrito em 1864 pelo reitor da Faculdade Católica de Lyon, para se demarcar de forma belicosa do *Evangelho segundo o Espiritismo*. A Igreja Católica identificava no Movimento Espírita a ressurgência da prática de invocação aos mortos, a necromancia, condenada pelos

---

3 Este relato foi feito por Henri Sausse, biógrafo de Kardec, numa conferência em 1896 e depois incorporado por Kardec em *O que é Espiritismo* (1988).

concílios. E indo mais além, a identificava como a invocação de demônios, no caso, satanismo, passível de exorcismo. Em 1898, a doutrina espírita é condenada pelo Santo Ofício, o que é confirmado em 1917.

Por sua vez, a expressão maior dos ataques que os poderes públicos na França moveram contra a Doutrina Espírita ficou conhecida como o *Processo dos espíritas*. Em 1875, a *Revue Spirite* publicou uma série de artigos sobre fotografia de espíritos, ilustrada com fotografias em que espíritos posavam ao lado de familiares[4]. Dentre estas aparecia a própria viúva de Kardec em presença da figura difusa do espírito de seu marido, segurando um quadro no qual continha uma mensagem deste. Além das matérias, a revista sugeria aos interessados que procurassem um médium, de nome Buguet, capaz de realizar tais fotos. Devido a esse fato, o Ministério Público abre processo por fraude contra Buguet, o fotógrafo Firman e o editor da revista Pierre Gaëtan Leymarie (AUBRÉE; LAPLANTINE, 2009, p. 117-118). O promotor conduzirá o processo com uma retórica virulenta atacando o Espiritismo e ao seu fundador e conquistará do júri o resultado de condenação e multa aos três acusados.

O médium Buguet, após alguns meses de prisão, confessou o ato como fraude e se transferiu para a

---

4 Nos Estados Unidos era mais usual esse tipo de experimento fotográfico, que possuía uma adesão entre os adeptos do *moderno espiritualismo*. Daí por que se chamarem *fotografias americanas*.

Bélgica; ao passo que o sucessor de Kardec na direção da revista, Leymarie, só foi libertado após cumprir sua pena de um ano de prisão. Após isso, ele também será inocentado depois de o ministro da Justiça da França ter recebido uma carta do próprio médium Buguet proveniente da Bélgica declarando que Leymarie desconhecia a fraude na confecção das fotos. Após a declaração de inocência, Leymarie permanecerá à frente da Sociedade de Estudos Espíritas e da *Revue Spirite*, defendendo o Espiritismo do descrédito e do deboche que foi propagado contra este a partir do escândalo do processo (DAMAZIO, 1994, p. 37). No entanto, o Movimento Espírita não reconhecerá a acusação e reunirá, em defesa da veracidade das fotografias, cento e quarenta depoimentos que reconhecem nas fotos feitas por Buguet a presença dos espíritos de seus familiares (AUBRÉE; LAPLANTINE, 2009, p. 118). Da mesma forma, Conan Doyle afirma na sua *História do Espiritismo* que a confissão de Buguet foi forçada pelo arcebispo de Toulouse para incriminar a *Revue Spirite* (DOYLE, 2007, p. 367-68). Leymarie foi considerado pelo Movimento Espírita o *mártir da Terceira Revelação*.

Aubrée e Laplantine apontam para os anos de 1920 o declínio do Espiritismo na França, com sua "perda de credibilidade tão rápida quanto a paixão de que foi objeto" (2009, p. 126). Consideram como causas os ataques feitos pela Igreja Católica, as divisões entre os espiritualistas, a fraude de alguns médiuns, o afastamento de cientistas e médicos e a crise do positivismo. Para os autores, a síntese operada por Kardec entre ciência, filosofia e religião começou a desfazer-se, enquanto formulação com plausibilidade para seus aficionados. Fruto desta divisão, de um lado permaneceu a teosofia com o lado ocultista, e do outro a metapsíquica com o lado experimental, ambas sem se comunicarem (2009, p. 128). Na França contemporânea ainda persistem grupos espíritas que procuram romper a dispersão e se articularem. Em 1976, foi criada a União das Sociedades Francófonas para a Investigação Psíquica e o Estudo da Sobrevivência (Usfipes) e, em 1983, a União Espírita Francesa e Francófona (Usff). Enquanto a primeira irrompe da parapsicologia para constatar a sobrevivência do espírito, a segunda pretende ser continuadora da obra de Kardec e Leon Denis (AUBRÉE; LAPLANTINE, 2009, p. 344-347).

1.3 Espiritismo para além das fronteiras da França e o papel do Brasil como atual centro irradiador da doutrina

O Movimento Espírita espraiou-se da França para outros países. Kardec, em documento intitulado *Constitution Transitorie du Spiritisme*, publicado na *Revue Spirite* em 1868, um pouco antes de sua morte, advogou a institucionalização no Movimento Espírita em nível mundial. Não pôde, contudo, ver este objetivo cumprido (ARAÚJO, 2016, p. 94-95).

No entanto, só é possível falar nesse período de uma expansão externa da Doutrina num sentido mais alargado, quando a influência crescente do Espiritismo na Europa embaralha-se com o outro grande movimento espiritual muito disseminado, chamado Moderno Espiritualismo. Este atua também organizando grupos e publicações que visam dar conta da comunicação entre o mundo físico e outro espiritual. Nele destaca-se a figura do escritor e romancista Conan Doyle, que percorre os países anglo-saxões Estados Unidos, Austrália e Inglaterra divulgando sua corrente espiritualista (AUBRÉE; LAPLANTINE, 2009, p. 119).

Como prova da influência do Espiritismo e *moderno espiritualismo* no meio científico europeu do período, pode-se citar a adesão de homens como o físico William Crookes, o naturalista Alfred Wallace, o criminologista Cesare Lombroso, o biólogo Paul Gibier etc. À maneira do Professor Rivail, estes homens de ciência também fazem experimentos de comunicações com o além, através de médiuns: Lombroso com Eusápia Paladino e Crookes com Dunglas Home (AUBRÉE; LAPLANTINE, 2009, p. 119-120).

De fato, em países anglo-saxões como a Inglaterra e os Estados Unidos, apesar da aceitação da crença na comunicação entre mundo material e espiritual que fez florescer o chamado Moderno Espiritualismo, o Espiritismo de Kardec nunca prosperou. O motivo deste impedimento foi que entre os espiritualistas desses países não havia a aceitação do princípio da pluralidade das existências com suas múltiplas encarnações e consequente evolução espiritual, base da Doutrina Espírita. A Federação Internacional[5], dirigida por Arthur Conan Doyle, que escreve um livro de referência[6] no qual faz um balanço histórico da presença do espiritualismo na Europa e em outros continentes em fins do século XIX, expressa seu desacordo com a corrente de Kardec pelos motivos acima expostos, embora reconheça o papel do mesmo na consolidação da divulgação da ideia da sobrevivência à morte física. Essas divergências entre os dois movimentos, embora com ações conjuntas, impediram uma unidade institucional, na forma de uma Liga Espírita Mundial, como desejava Kardec (ARAÚJO, 2016, p. 95). A despeito disso, em 1889, Pierre Gaëtan Leymarie, o sucessor institucional de Kardec, promove em Paris o I Congresso Espírita e Espiritualista Internacional,

---

5 Damazio afirma que Doyle, "apesar de adotar o termo 'Espiritismo' criado por Kardec", com o qual batiza a Federação Internacional, divergia deste sobre a cosmovisão que orienta o mundo espiritual (DAMAZIO, 1994, p. 41). Para mim, não está claro se Doyle adotou o vocábulo criado por Kardec ou se ele, de fato, intitulava sua corrente como *espiritualista*.

6 Não fica preciso como Conan Doyle nominava seu movimento. O livro que escreveu ora aparece como *A história do Espiritualismo: de Swedenborg ao início do século XX* (2013) ora como *História do Espiritismo* (2007). Creio que possa ter havido um problema de tradução e que ele se considerava *espiritualista*, sendo o nome *espírita* identificado com o movimento de Kardec.

com a presença de 500 delegados representando cerca 15 milhões de espiritualistas de vários países (espíritas, ocultistas, teósofos etc.). Nesse evento reafirmam-se os princípios que unem estas correntes, como: imortalidade da alma e veracidade dos contatos entre mortos e vivos. O ano de 1925 evidencia ainda o prestígio das correntes espíritas/espiritualistas na sociedade europeia. Atesta esta afirmação a presença de delegações de 24 países que acorrem à sala Wagram em Paris, para ouvir a conferência de Conan Doyle, maior figura do movimento (AUBRÉE; LAPLANTINE, 2009, p. 125).

Após um período de retração do Movimento Espírita, que aconteceu após os anos de 1920, só a partir dos anos 1990 pode-se constatar uma articulação institucional consolidada em vários países, tendo como culminância o IV Congresso Espírita Internacional, que se realizou em Paris em 2004 e o V Congresso Espírita Internacional em Cartagena, no ano de 2007. Ambos são organizados por um Conselho Espírita Internacional (LEWGOY, 2008, p. 92). O Espiritismo está presente hoje em mais de 30 países[7], fruto do trabalho de

---

7 Segundo dados da FEB eis como se dá a distribuição institucional do Espiritismo no mundo, por continente e países: África (1 país): Angola; Europa (10 países): Bélgica, Espanha, França, Holanda, Itália, Noruega, Portugal, Reino Unido, Suécia e Suíça; América (12 países): Argentina, Bolívia, Brasil, Chile, Colômbia, El Salvador, Estados Unidos, Guatemala, México, Paraguai, Peru, Uruguai; Ásia (1 país): Japão. Além destes, outros países estão como observadores no Conselho Internacional Espirita: Canadá, Cuba, Panamá, Porto Rico, Luxemburgo, República Tcheca, África do Sul e Moçambique (LEWGOY, 2008, p. 102, nota 2).

missão da Federação Espírita Brasileira (FEB). Lewgoy se refere a esta expansão como uma *brasilianização* do Movimento Espírita em nível internacional, visto que é o *modelo brasileiro* aquele difundido e implementado. Por iniciativa da Federação brasileira é realizada a tradução de obras espíritas para diversas línguas, promovido cursos de formação de médiuns e oradores espíritas, disponibilizado amplo material bibliográfico com instruções para organização administrativa e legal de Centros Espíritas. Através destes expedientes o modelo brasileiro se constitui numa *referência exemplar*, com o seu receituário-padrão de atividades: "prática cotidiana de passes, atendimento fraterno, estudo sistematizado da doutrina [...] desenvolvimento mediúnico, desobsessão, evangelização infantil e ações de caridade" (LEWGOY, 2008, p. 92). Atividades que serão melhor explicadas nas lições dois, cinco, seis e sete deste livro.

Desta forma, o Brasil, e não mais a França, passa a ser o maior país espírita do mundo e polo irradiador da Doutrina. A centralidade do nosso país, que pode ser compreendida pela potência institucional e pela adesão que o movimento angariou no país, também vai ser justificada espiritualmente. Isto se deu através da obra psicografada por Chico Xavier, *Brasil coração do mundo, pátria do Evangelho*, que destaca o papel espiritual crucial do Brasil no processo de regeneração dos espíritos que habitam no Planeta Terra. No decorrer dos séculos, da Palestina, passando por Roma e a França, as falanges de espíritos superiores, tendo no comando o próprio Jesus Cristo, terminarão por eleger o Brasil como o fulcro onde se situará a *pátria do Evangelho* e o *coração do mundo*. A partir do Brasil, segundo esta obra, será projetada a grande missão de paz e justiça que fará evoluir o próprio planeta, de lugar de *expiação e provas* para outro de encarnação de espíritos mais elevados (XAVIER; CAMPOS, 2004, p. 23-24).

Para Lewgoy, a expansão do Espiritismo a partir do Brasil se deu por duas vias: as palestras internacionais do médium Divaldo Pereira Franco e os eventos promovidos pela Associação Médica Espírita (AME), ambas com o apoio da Federação Espírita Brasileira (FEB). No caso da atividade missionária de Divaldo Franco, ele promoveu, desde os anos de 1960, conferências em Portugal, Espanha, França e Inglaterra. Já percorreu mais de 50 países e, devido a essa sua iniciativa, vários Centros Espíritas foram criados na América do Sul e Central, uns sem histórico espírita, como a Guatemala e Honduras, e outros como a Colômbia e o México, com uma tradição interrompida (LEWGOY, 2008, p. 89). No segundo caso, a AME vem promovendo uma medicina espiritualista através de eventos entre médicos espíritas e médicos espiritualistas estadunidenses e ingleses. Exemplo disso foi o I Congresso Estadunidense de Medicina Espírita, em 2006, onde a AME foi copromotora junto com o United States Spiritist Council.

Por fim, convém dizer que a comunidade espírita internacional moldada pelo modelo brasileiro é composta principalmente pelos emigrantes brasileiros no exterior, latinos e portugueses. Nos Estados Unidos, talvez devido à influência do *modern spiritualism* anglo-saxão, há uma mescla do estilo ritual brasileiro de ser espírita com o individualismo introspectivo e a influência neoesotérica, *new age*. Também na França existe um considerável grau de autonomia em relação ao modelo brasileiro, com uma prática mais *científica* e racionalista do Espiritismo, sem o recurso da mediunidade curativa e mais focado na experimentação.

1.4 Expansão por fragmentação e consolidação do Espiritismo no Brasil

O Espiritismo aporta no Brasil, precisamente na Bahia, em 1866, logo em seguida da publicação da maioria das obras da Codificação na França, onde o jornalista Olímpio Teles de Menezes escreve sua *Introdução ao estudo da Doutrina Espírita*, uma tradução e vulgata de *O livro dos Espíritos*, que permitia aos leitores brasileiros conhecer os princípios básicos desta nova doutrina[8]. Além disso, Teles de Menezes funda no

---

8 Há o registro de que, em 1862, Alexandre Canu empreendeu a tradução do livro *Le Spiritisme à sa simple Expression*, de Kardec, com exemplares

país, o primeiro grupo espírita, chamado Grupo Familiar do Espiritismo, como também o primeiro periódico espírita, *O Eco d'Além Túmulo*. Contudo, foi na capital do Império, o Rio de Janeiro, que a Doutrina se expandiu. Primeiramente ainda dentro da colônia francesa na Corte, através das atividades de Casimir Lieutaud, que já havia escrito, em 1860, em língua francesa, um livro de divulgação da Doutrina e da médium Madame Perret Collard. Em 1873, tem lugar a fundação do grupo pioneiro no Rio de Janeiro, genuinamente brasileiro, a Sociedade de Estudos Espíritas – Grupo Confúcio. Dentre as contribuições deste núcleo para a expansão da Doutrina, está a iniciativa, pelo Dr. Joaquim Travassos, secretário do Grupo Confúcio, da tradução para o português dos principais livros da Codificação: *O livro dos Espíritos*, *O livro dos médiuns*, *O céu e o inferno* e o *Evangelho segundo o Espiritismo*, que serão melhor comentados na lição quatro deste livro.

Ao analisar o perfil do Espiritismo no Brasil, D'Andrea faz a observação que seu crescimento vem "acompanhado por uma significativa *fragmentação*" (2000, p. 136). De fato, as primeiras iniciativas do Movimento Espírita no país no século XIX já foram marcadas pela existência de grupos distintos e com ênfases próprias,

---

vendidos em Lisboa e no Rio de Janeiro. E antes ainda o francês Casimir Lieutaud, radicado no Rio de Janeiro, escreveu a obra *Les Temps sont arrivés* em idioma francês com circulação na Corte Imperial (DAMAZIO, 1994, p. 101-102).

experimentando dinâmicas de desacordo, mas também de tentativas de cooperação e unificação. Para Sylvia Damazio, o primeiro grupo espírita do Rio de Janeiro e o segundo do Brasil, o Grupo Confúcio, desde logo já vivencia a divergência e a cisão em três facções:

> a denominada "científica", privilegiava a parte experimental – a dos fenômenos físicos; o "Espiritismo puro", corrente formada por aqueles que [...] só aceitavam a ciência e a doutrina filosófica reveladas, mas não seu desdobramento religioso, calcado nos evangelhos; uma terceira, a "mística" de orientação evangélica considerava toda obra de Kardec. Para os espíritas místicos era fundamental a leitura atenta de *O Evangelho segundo o Espiritismo* (1994, p. 105).

Entretanto, Giumbelli questiona esta classificação e *modo de contar a história dos grupos espíritas*, produzida por intérpretes acadêmicos do Espiritismo e até por historiadores do meio espírita, que os divide entre *místicos* e *científicos*. Para o autor, esta tipologia possui um caráter *externo* às concepções que os espíritas possuem de sua Doutrina, em que se articulam de forma completiva as esferas da filosofia-ciência-religião (1997, p. 65-67). Para contraditar esta fórmula da divisão entre *místicos* e *científicos*, Giumbelli traz o exemplo de Bezerra de Menezes, tido como um de seus líderes mais *místicos*, que escreveu uma obra centrada no estudo *psíquico fisiológico*, logo *científico*. Ele também apresenta o episódio das famosas conferências de divulgação do Espiritismo promovidas pela Federação Espírita Brasileira (FEB), em 1886. Nestas, notáveis espíritas, colocados pela literatura nos campos opostos de *científicos* e *místicos*, estavam lado a lado falando "da mesma doutrina, a partir da mesma tribuna e diante do mesmo público" (1997, p. 67).

Mas como explicar as oposições, conflitos e cisões que dividiram os espíritas desde o início de sua expansão pelo Brasil, se não pela clivagem *místicos* e *científicos*? E a utilização destas mesmas nominações pelos próprios espíritas da época para legitimar suas escolhas e desqualificar a de seus oponentes? E o outro lado destas polarizações, que foram as tréguas e os acordos entre as diversas facções em prol da união e da causa comum? Como o maior exemplo deste movimento de unidade pode-se citar a fundação da Federação Espírita Brasileira (FEB), em 1884, reunindo todos os grupos e estabelecendo um "programa misto passível de ser aceito por todas as correntes" (DAMAZIO, 1994, p. 112).

Vários casos destas confrontações na realidade pontuam a história do Espiritismo nascente do final do século XIX até sua consolidação na década de 1930 no Brasil. Inicia-se com a dissidência, em 1879, no Grupo Confúcio para formar a Sociedade de Estudos Deus, Cristo e Caridade de formato *místico*, devido à mudança de orientação deste grupo por intervenção do grupo *científico* de Angeli Torteroli (ARRIBAS, 2010, p. 101; DAMAZIO, 1994, p. 105-106). E finda-se no embate derradeiro ocorrido dentro da Federação Espírita Brasileira (FEB), em 1914, com a saída definitiva dos *científicos* e o estabelecimento da hegemonia dos *religiosos* (DAMAZIO, 1994, p. 131-132; CAMURÇA; AMARO; PEREIRA NETO, 2017, p. 13-53).

Arribas sublinha que nas divisões e recomposições dos grupos havia a preocupação de renomear os novos grupos para explicitar o caráter que eles assumiam. Sendo assim, *acadêmica* e *psicológica* eram adjetivos utilizados pelos que queriam se mostrar como *científicos* e *humildes, evangélicos, fraternos*, por aqueles que queriam caracterizar-se como *religiosos* (2010, p. 199). Giumbelli, por sua vez, também admite que *práticas* distintas faziam a demarcação entre "diversos grupos [espíritas] de 1860 a 1890" (1997, p. 64). Para ele, apesar das divergências tomarem a forma e serem traduzidas nos termos *místicos* e *científicos*, na verdade funcionavam mais como *categoria de acusação* assacada contra o adversário de ocasião (1997, p. 114).

O que depreendo desta discussão é que o que estava em jogo seria mais uma questão de *ênfase*, quando atores em disputa pela definição do campo espírita acionavam os termos *místico* ou *científico*, tanto na sua autodefinição quanto na rotulação do oponente, para dar um realce à sua posição na demarcação com a do seu opositor. A repartição e o destaque de apenas um aspecto da doutrina kardequiana foi uma estratégia utilizada entre os próprios agentes do meio espírita brasileiro na sua luta por acentuar sua posição em detrimento da do adversário interno. Ou seja, de ressaltar um aspecto da tríade doutrinária para organizar o seu discurso, como estratégia de visibilidade e de convencimento para esta formulação.

Arribas também afirma que a diversidade de interpretações e práticas produzidas no meio espírita não deve ser *reduzida* ou *engessada* nas categorias: *científicos* e *místicos*, "categorias que colocam em jogo os temas em disputa, mas que não se excluem mutuamente" (2010, p. 107). Para ela seria mais apropriado "afirmar que havia um campo comum no qual os diversos adeptos transitavam com base na tematização 'ciência', 'filosofia' e 'religião' em suas variegadas e complexas articulações" (2012, p. 107). Portanto, apesar da ênfase que os contendores dão à forma como se apresentam e ao oponente: *religiosos* ou *científicos*, cada posição em disputa, de fato, não desprezava a interdependência entre os dois termos no contexto da Doutrina Espírita que professavam. O documento do Centro de União dos *científicos* explicita que "não há contradição entre o cultivo da moral cristã e a prática da ciência" (*Revista Espírita*, 01/09/1897, apud ARRIBAS, 2010, p. 189) e Bezerra de Menezes, presidente da *religiosa*

FEB afirma que "quem diz religião diz ciência [...] Espiritismo é ciência: religião científica" (*O Reformador*, 15/08/1896, apud ARRIBAS, 2010, p. 187).

Os organismos do Movimento Espírita, nos quais essas concepções de *religião* e *ciência* em disputa se explicitaram, foram o Serviço de Assistência aos Necessitados do lado dos *místicos* e a Escola de Médiuns do lado dos *científicos*. Segundo Damazio, as tensões na Federação Espírita Brasileira nas gestões de Dias da Cruz e Júlio Leal (1890-1895), de Bezerra de Menezes (1895-1900) e de Leopoldo Cyrne e Maia de Lacerda (1900-1904), Leopoldo Cyrne e Geminiano Brazil (1904-1913), diziam respeito ao lugar e ao papel que esses organismos e atividades desempenhavam no movimento (1994, p. 123, 134). Os ditos *científicos* defendiam o treinamento adequado dos médiuns dentro da prática da *metapsíquica* por meio de uma Escola de Médiuns (1994, p. 123-124, 136). Por sua vez, os chamados *religiosos* centravam sua prática no Serviço de Assistência aos Necessitados, o carro-chefe da FEB, que através da *caridade* atendia centenas de pobres, principalmente através de remédios homeopáticos receitados do *além* por *médicos desencarnados* através dos chamados médiuns *receitistas* (1994, p. 128-129). Embora todas estas diretorias da FEB mencionadas acima procurassem equilibrar ambas as práticas (DAMAZIO, 1994, p. 123-124, 127, 131) a rivalidade se dava sobre em qual delas devia repousar o foco do movimento (1994, p. 123, 131-132). E este pêndulo se decidirá para o lado dos chamados *religiosos*, primeiramente em 1896 com o estabelecimento da supremacia da FEB por sobre a União Espírita de Propaganda do Brasil, órgão controlado pelos científicos (ARRIBAS, 2010, p. 179-193; GIUMBELLI, 1997, p. 112-113). Depois a *pá de cal* da disputa se dá em 1914, com a abolição da Escola de Médiuns, a supremacia da prática da caridade no Serviço de Assistência aos Necessitados e a saída dos *científicos* da Federação Brasileira e seu gradativo ocaso (DAMAZIO, 1994, p. 131-132).

Mas se no geral o que se verificou na luta para configurar o Movimento Espírita brasileiro foi a estratégia da *ênfase* de um aspecto da Doutrina, como forma de salientar uma posição – sem de fato negar a completude dos seus três aspectos –, existiu uma exceção, que defendia a *exclusividade* e a incompatibilidade da *ciência* em relação à *espiritualidade*. Refiro-me a determinados *científicos* ou *espiritistas puros* que não eram kardecistas *in totum*, mas *selecionavam* da obra codificada kardequiana apenas a porção *científica* que lhes interessava (DAMAZIO, 1994, p. 105). Indicadores disso podem ser apontados, por exemplo, já no pioneiro Grupo Confúcio, onde alguns de seus componentes, como Silva Neto, Siqueira Dias e Casimir Lieutaud, incluíram no estatuto do Grupo, no artigo 28, somente a indicação de leitura de *O livro dos Espíritos* e de *O livro dos médiuns* e apenas estes, configurando uma perspectiva *seletiva* da obra de Kardec (DAMAZIO, 1994, p. 144, nota 6; ARRIBAS, 2010, p. 99).

O interessante de todo este processo conflituoso para a definição da feição que o Movimento Espírita vai adquirir é que, segundo Arribas, após o triunfo da corrente *religiosa* da FEB, sua hegemonia se consolida doravante dentro do modelo clássico kardequiano da tríade ciência-filosofia-religião com o consequente *desuso* dos termos característicos dos embates dos primeiros tempos do Espiritismo: *religioso* e *científico*, *até quase desaparecerem* (2010, p. 193). Embora esta constatação reafirme a ideia de que no fundo ambas as correntes concebiam o Espiritismo como Doutrina de três aspectos amalgamados e que o acionamento de uma delas em separado servia mais para desqualificação da outra posição e para um realce da sua, nas disputas internas do campo espírita, ainda hoje, nas minhas pesquisas constato o uso desta adjetivação: *religioso* ou *científico*, para marcar distinções, ênfases e estilos no meio espírita contemporâneo[9].

---

9 Uma obra atual e dentro de uma perspectiva historiográfica contemporânea do Espiritismo no Brasil foi a que organizaram Adriana Gomes, André Victor Cavalcanti Seal da Cunha e Marcelo Gulão Pimentel (2019). Ela aborda no devir histórico as diversas interfaces que o Movimento Espírita travou no nosso país, com a ciência, a psiquiatria, a justiça, a literatura, a política, a Igreja Católica e com o próprio campo interno espírita.

Para a atualidade do Espiritismo no Brasil, temos que os dados do último Censo de 2010 indicam um crescimento deste segmento religioso. De 1,4% no Censo de 2000, representando 2,3 milhões de adeptos, para 2,0% no Censo de 2010, representando 3,8 milhões de seguidores. O aumento maior dos espíritas foi na Região Sudeste, onde passou de 2,0% no último Censo para 3,1% (acima da sua média nacional) e na Região Sul, de 1,2% para 2,0% (IBGE, 2012, p. 90). A maior concentração de espíritas se encontra nos estados de São Paulo, Rio de Janeiro, Minas Gerais, Goiás e Rio Grande do Sul. Só em São Paulo estão 1.356.193 espíritas, distribuindo-se os restantes dos índices mais significativos no Rio de Janeiro, 647.572, Minas Gerais, 419.094 e Rio Grande do Sul, 343.784. É o segmento religioso com o maior percentual de pessoas de cor branca (68,7%), com maior nível de renda (19,7%), com renda acima de cinco salários-mínimos, aquele que possui os maiores índices de alfabetização (98,6%), assim como a maior proporção de pessoas com nível superior (31,5%) (CAMURÇA, 2013, p. 66-67).

1.5 A relação intensa – conflitiva e sincrética – entre Catolicismo e Espiritismo no Brasil

Tal como na França, a expansão do Espiritismo em *terras brasilis* acarretará uma contestação virulenta por parte da Igreja Católica hegemônica no país. Tentarei aqui então duas explicações para a influência que este contato com o Catolicismo produziu no Espiritismo. A primeira, de cunho teológico/doutrinário e de disputa por poder religioso, diz respeito aos embates entre a Igreja Católica dominante e o Espiritismo emergente. E a segunda, de tipo cultural e simbólico, refere-se às porosidades e às contaminações mútuas entre crenças e práticas de um catolicismo popular praticado no país e do Espiritismo que de doutrina de origem externa se mistura com a cultura religiosa do Brasil.

Os conflitos entre Igreja Católica e Espiritismo no Brasil remontam à sua chegada no país. O arcebispo da Bahia D. Manuel Joaquim da Silveira, reagindo ao ativismo filosófico-espiritualista do professor e jornalista Teles de Menezes na Bahia, vai publicar uma pastoral, em 1867, condenando como heréticas as concepções e práticas do Espiritismo. Teles de Menezes por sua vez vai replicar, iniciando uma acirrada polêmica travada entre o professor/jornalista baiano e o arcebispo em torno da crença na reencarnação e na comunicação com os mortos (GIUMBELLI, 1997, p. 56; DAMAZIO, 1994, p. 67). Estas disputas exacerbam-se no final do século XIX, com as pastorais do bispo do Rio de Janeiro ao Episcopado brasileiro, datadas de 1881 e 1882, nas quais este anatematiza a Doutrina Espírita, o que é prontamente respondido por Elias da Silva na revista espírita da Sociedade Acadêmica Deus, Cristo e Caridade, e em seguida no periódico *O Reformador*, órgão de difusão e de defesa das ideias do Espiritismo face às condenações do Catolicismo[10] (DAMAZIO, 1994, p. 111-112).

Ao longo das cinco primeiras décadas do século XX encontram-se registros de condenações ao Espiritismo, advindos do episcopado, como diretriz geral para a Igreja Católica no Brasil. Exemplos disso foram: a Pastoral Coletiva de Bispos da Região Sul, de 1904, orientando os seminários católicos para que desenvolvessem, na aula de "Apologética, o ensino contra o Espiritismo e demais erros que lhes são conexos" (*Pastoral Colletiva*, 1904) e a Carta Pastoral de D. Fernando Tadei, bispo de Jacarezinho, datada de 1931 que, ao considerar o Espiritismo como "a mais funesta das superstições contemporâneas [...] tristíssima praga que se alastra [...] arruinando a fé e desempenhando as almas na tremenda voragem da eterna perdição", empreende sua condenação teológica como doutrina contraditória às Sagradas Escrituras. A partir daí relaciona as penas para aqueles católicos que incidissem na *heresia* espírita:

> não podem ser padrinhos de crisma e batismo; não podem receber sacramentos; não têm direito à missa de sufrágio, nem qualquer outro ofício fúnebre; são priva-

---

10 Aqui assiste-se à atualização das polêmicas sustentadas por Léon Dennis na França, quando este se defrontava com o *clero católico* para mostrar suas contradições (DENNIS, 1991).

dos de sepultura eclesiástica; pena de excomunhão (TADEI, 1931).

A refutação teológica da hierarquia da Igreja Católica ao Espiritismo se fundamenta no seguinte argumento: se Deus envia as almas ao céu, ao purgatório e ao
inferno, conforme seu merecimento, e estas não podem
deixar estes lugares, por cumprimento de sua lei eterna, então os espíritos desencarnados que se manifestam
nas sessões espíritas, na verdade, não são almas. E, se
esses seres são dotados de natureza, ciência e poder,
não sendo almas, são anjos. Mas são anjos que mentem
ao passarem-se por almas e ao revelarem uma doutrina
oposta à de Jesus Cristo, daí concluir-se que são anjos
maus ou demônios (TADEI, 1931).

Estas disputas doutrinárias e teológicas logo foram
estendidas para o terreno da ação caritativa, determinante no que tange à adesão de adeptos e à presença na
sociedade. O Espiritismo despertava na Igreja Católica,
até então soberana no campo da dita ação humanitária
e de benemerência, um receio de concorrência eficien-
te. Não foi por outro motivo, que o Sínodo Diocesano
de Campinas de 1928 prescreveu a orientação:

> para se combater eficazmente as satânicas
> mentiras do Espiritismo, onde for possí-
> vel, e de acordo com as condições de cada
> paróquia, fundem escolas católicas, hos-
> pitais católicos, farmácias católicas para
> fazer cessar a exploração dos sectários

que, sob a capa da caridade, seduzem fiéis sem recursos, prometendo-lhes uma felicidade ilusória e quimérica (BENEDETTI, 1986, p. 162).

A partir de 1950, com a intensificação de uma situação de pluralismo religioso no país, a Igreja Católica ameaçada pela expansão do Movimento Espírita nos grandes centros urbanos[11], através da Conferência Nacional dos Bispos do Brasil (CNBB), lança a Campanha Nacional contra a Heresia Espírita, com a criação da Secção Anti-Espírita do Secretariado Nacional da Defesa da Fé e Moral, confiada ao Frei Boaventura Kloppenburg (ORTIZ, 1999, p. 205; ROSSUM, 1994, p. 69). Este frade se notabilizou por realizar um combate doutrinário contra o Espiritismo através de artigos publicados na *Revista Eclesiástica Brasileira* (*REB*) no período de 1953-1964, assim como organizou uma linha editorial de cunho apologético do Catolicismo frente ao Espiritismo em publicações da Editora Vozes[12]. A Campanha contra a Heresia Espírita é desfechada em várias frentes: intenso combate doutrinário através da im-

---

11 Em artigo intitulado "Contra a heresia Espírita", Frei Boaventura Kloppenburg mostra, através de números do IBGE no Rio de Janeiro, que o número de espíritas passa de 1940 a 1950 de 75.149 a 123.775, justificando a mobilização católica contra esta expansão (KLOPPENBURG, 1952).

12 Entre outras obras, mencionamos: *O Espiritismo no Brasil. Orientações para os católicos* em 1964, do próprio Kloppenburg, além de *Por que a Igreja condenou o Espiritismo?*, *Livro negro da evocação dos espíritos*, *A psicografia de Chico Xavier etc.*, todas da Editora Vozes, tendo a coleção o título *Vozes em defesa da fé*.

prensa e rádio católicos, reforço das instâncias rituais e simbólicas do Catolicismo como o *culto dos Santos* em contraposição aos *Espíritos de luz*, ênfase no poder curativo da bênção dos enfermos em contraposição aos passes magnéticos, e, por fim, sanções e penalidades aos católicos que mantivessem ligações com práticas espíritas, tendo como culminância destas punições a excomunhão.

> Kloppenburg chega a pregar a excomunhão dos fiéis que frequentam o Espiritismo, leem ou simplesmente conservam livros espíritas, a proibição de enterrar adeptos do Espiritismo pela Igreja, o casamento entre católicos e espíritas (ORTIZ, 1999, p. 206).

Frente aos ataques da hierarquia católica, o Movimento Espírita, munido de sua autoconcepção como a *terceira revelação*, que na sua perspectiva evolucionista situava as demais religiões, inclusive o Catolicismo, correspondendo a estágios anteriores, procurará, ao lado de uma certa complacência com o que julgava o anacronismo católico, mostrar-se como a *renovação espiritual da lei divina*, assim como *a restauração da religião de Jesus*. Fundamentado nessa ideia, não se julgava inaugurando algo novo, mas aprimorando, dentro de sua visão evolutiva, uma estrutura anterior. Por isso, considero legítimo classificar o Espiritismo como um Neocristianismo, que busca inovar e reinterpretar a tradição judaico-cristã nos termos de ruptura e permanência com esta (CAMURÇA, 1998, p. 217-220).

Nesse sentido, os símbolos mais caros da História Sagrada do Cristianismo/Catolicismo são reinterpretados na direção evolucionista e *científica* deste Neocristianismo frente ao vétero-cristianismo do Catolicismo: os santos enquanto espíritos superiores/mentores, os milagres, transubstanciação, enquanto, mediunidade. Postura respaldada no Movimento Espírita pelo seu *Evangelho segundo o Espiritismo*, uma das obras centrais na codificação kardequiana. Nada parece escapar à voracidade desta doutrina científico-cristã de incorporar, deglutir e ressignificar os símbolos mais caros e representativos da Igreja Católica: suas *datas sagradas*, seus *homens santos* e sua *instância clerical*. Através deste reprocessamento, elementos e figuras do clero tornam-se convertidos ao novo esquema explicativo espírita. Por este mecanismo ressignificador, o *espírito* do Frei Neuhaus, franciscano morto em 1934, envia uma mensagem aos sacerdotes católicos exortando:

> ilustres colegas, que, como eu, recebestes ordens superiores para combater esta Luz [o Espiritismo], abstende-vos de o fazer, porque ireis acarretar sobre vós responsabilidades tremendas das quais jamais vos podereis libertar, sem muito sofrimento,

sem muito arrependimento, sem muita provação[13].

Mais evidente – do esquema de ressignificação espírita frente à tradição católica – foi o caso do Padre Sebastião Carmelita, que, segundo a interpretação espírita, mesmo sendo sacerdote, era espírita convicto, mas não abandonava a Igreja, por orientação dos espíritos de Emmanuel e Bezerra de Menezes. Ele próprio era a reencarnação do bispo espanhol que no século XIX condenou à fogueira os livros espíritas, no episódio conhecido como *Auto de fé de Barcelona* (CASTRO, 1986). Para mim, este caso expressa, na concepção do Espiritismo por sobre seu estágio anterior, uma *dupla* superação: quando renova o bispo inquisidor do século passado e quando renova um padre, que pelo seu exemplo de sacerdote-espírita, deu um testemunho vivo da superioridade do Espiritismo sobre o Catolicismo.

Mas a reinterpretação de santos e sacerdotes pertencentes à Igreja como espíritos de luz não serve apenas para desautorizar o Catolicismo. Também enseja uma afinidade entre as duas religiões. Isto pode ser exemplificado no fato de estes espíritos expressarem um reconhecimento do Catolicismo como a religião da época que escolheram para encarnarem-se. Os grandes conselheiros que do *plano espiritual* orientaram a escrita de

---

13 NEUHAUS, Rogerio. *Missionário de Amor-Luz e Redenção*. 5. ed. Rio de Janeiro: Folha Carioca, 1985, p. 34, apud AZZI, Riolando. *Do amparo aos indigentes ao serviço social* [mimeo.].

O livro dos Espíritos foram, entre outros, São Vicente de Paulo, São Luís e Santo Agostinho. A guia espiritual do Centro Lar de Tereza, pesquisado por Cavalcanti, era, nada mais nada menos, que Santa Teresinha do Menino Jesus ou Santa Teresa de Lisieux (1983, p. 54). Quanto aos sacerdotes, os padres jesuítas Anchieta e Manoel da Nóbrega foram *espíritos santificados* que se voluntariaram numa *assembleia espiritual* dirigida pelo Anjo Ismael para encarnarem-se no Brasil em missão (XAVIER, 2002, p. 44-46). Também o espírito do Padre Venâncio Café, prócer da Igreja Católica em Juiz de Fora, pouco tempo após o seu *desencarne*, em 1898, reaparece como *mentor* do primeiro Centro Espírita da cidade, o União, Humildade e Caridade, em 1901. Este espírito também irá orientar outros Centros Espíritas da cidade, como a Casa Espírita (*O Semeador*, n. 77, mai./1929). Da mesma maneira, o caridoso frade franciscano Frei Luiz, que vivera em Petrópolis a partir de 1900, falecendo em 1937, reaparecerá em 1947 como espírito mentor do espírita Luiz Rocha Lima na criação do Centro Espírita Lar do Frei Luiz (LIMA, 2006).

É dentro desta comunicação entre imaginários católicos e espíritas que passo ao tema das influências culturais e simbólicas no Espiritismo por práticas católicas disseminadas na população. Para Donald Warren, no nosso país, o princípio da Doutrina Espírita da inexorabilidade da lei divina da causa-efeito determinante das *provas e expiações* representadas nas doenças e infortúnios, como cumprimento de dívidas cármicas (como veremos na lição dois), é flexibilizado. Isto pode ser exemplificado nas curas espirituais obtidas pelos caridosos médiuns sob a orientação dos espíritos mentores. Segundo o autor, isto ocorreu devido à influência do catolicismo popular com sua crença no poder dos Santos. Crença esta anterior à chegada do Espiritismo e com a qual este se entrelaçou. No entender de Warren, "a ajuda espírita aos doentes caiu como uma luva no panorama da época, ávida por proteção e milagres". Prosseguindo, ele argumenta que a "terapia espírita era [...] compatível com as curas populares católicas operadas [...] pelos Santos a pedido das pessoas aflitas". E a comparação é com o "fenômeno Chico Xavier" que "receita curas para pessoas ausentes dos mais diversos lugares do país" (WARREN, 1984, p. 56-83).

Como veremos mais detidamente no capítulo três, esta mútua influência entre Espiritismo e crenças católicas deveu-se muito ao médium Chico Xavier, o personagem mais conhecido do Movimento Espírita no Brasil. Segundo Stoll, o modelo de *santidade* vivido por Chico Xavier vai inspirar um *estilo brasileiro de ser espírita*, modelado por um *modo católico de ser espírita* (STOLL, 2003, p. 196). Este teria por base a noção católica de santidade, com seu corolário de sofrimento e renúncia, maneira quase consensual da devoção religiosa entre os brasileiros.

A obra mediúnica e a exemplaridade de Chico Xavier terminam por transformar uma doutrina vinda da Europa e disseminada em pequenos círculos de intelectuais e profissionais liberais em "religião integrante do *ethos* nacional" (STOLL, 2003, p. 196). Da mesma forma, na interpretação do antropólogo Bernardo Lewgoy, Chico Xavier "nacionalizou o kardecismo *francês*" (2004, p. 101) e logrou adequar o Espiritismo à religiosidade popular brasileira. Ao temperar a lógica evolucionista e meritória da Doutrina com uma "teodiceia cármica do sofrimento humano" (2004, p. 101), o Espiritismo praticado por Chico Xavier oferece outra modalidade para a Doutrina, não tão de elite e liberal, como a praticada na França e nos primeiros tempos no Brasil, mas adequada às crenças e às práticas desta religiosidade popular e assim correspondente às baixas camadas médias urbanas, de funcionários públicos, professores e militares, setor onde o Espiritismo se expandiu.

Nesse sentido, o modelo de Espiritismo à maneira de Chico Xavier "ofereceu a estes setores uma alternativa religiosa [...] sem radicalismos ou ruptura com os valores católicos, como a caridade" (LEWGOY, 2004, p. 103). Como consequência desta interação do Espiritismo com o Catolicismo popular no Brasil, os espíritas vão praticar um "intercessionismo religioso [...] personalizando nas preces súplicas a Jesus e aos 'benfeitores', distinto do padrão original francês" (LEWGOY, 2004, p. 104). Isto pode ser confirmado em Roger Bastide, que avalia que os espíritas no Brasil dirigem-se aos seus Espíritos mentores como os católicos peticionam aos seus Santos protetores e que estes replicam uma moral católica – da humildade, da não ofensa e do amor ao próximo – com a única diferença de que estes praticam aquilo que os católicos em geral apenas pregam (BAS-TIDE, 1967, p. 13-14).

Por fim, além da intensa fricção que o Espiritismo manteve com o Catolicismo no Brasil, não poderia deixar de fazer uma breve consideração sobre as também marcantes interações que a Doutrina Espírita travou com a Umbanda no país. Encontra-se no fenômeno da *mediunidade* ou *incorporação* um claro ponto de intersecção entre as duas religiões. Foi o sociólogo Cândido Procópio de Camargo quem destacou a experiência da *mediunidade* como a chave interpretativa para compreender a intensidade da relação entre Espiritismo e Umbanda. Para Camargo, uma mesma experiência fenomênica – a incorporação de espíritos por *médiuns* em um caso ou por *aparelhos* em outro –, apesar das diferenças de interpretação deste fenômeno em cada uma das duas, é que vai permiti-lo classificar ambas como *religiões mediúnicas* (1961, p. 77; 1973, p. 166).

Para este sociólogo pioneiro no estudo acadêmico destas religiões, três dimensões marcam a distinção entre Espiritismo e Umbanda: 1) a mediunidade, *consciente* no kardecismo e *inconsciente* na Umbanda; 2) os princípios, *ético, de inspiração cristã* no kardecismo e *mágico*, marcado *pelo cumprimento de preceitos ritualísticos* e pelas *obrigações* prestadas às entidades na Umbanda; 3) o estilo marcado pela *sobriedade* nos rituais kardecistas e pelo *emocional* nas *giras* da Umbanda (1973, p. 167-168). Apesar de ser criticada por portar um grau de desqualificação em relação à Umbanda, esta definição de Camargo permite captar, em algum nível, afinidades e distinções entre as duas religiões. Ela ajuda identificar influências *cristãs* do Espiritismo na Umbanda – a presença de Jesus enquanto líder das falanges, os *exus batizados* e a prática da caridade – principalmente aquela praticada nas Federações Umbandistas e por setores de classe média: juízes, militares e jornalistas que aderiram a esta religião.

Não obstante as diferenças de concepções e práticas, distinção principalmente afirmada pelo Espiritismo, na prática cotidiana dos adeptos ocorreu uma grande aproximação entre ambas. Giumbelli se refere assim à questão: "'espírita' não é, para muitos, um termo que carregue as significações necessárias para distinguir entre os adeptos da doutrina codificada por Kardec e os adeptos da umbanda" (1995, p. 11-12). E prossegue: "a umbanda consolida-se [...] com o nome de 'Espiritismo de Umbanda' e muitos de seus adeptos não hesitam em identificar-se [...] como 'espíritas'" (1995, p. 11-12). Cândido Procópio Camargo registra que, "apesar dos protestos de inúmeros kardecistas [ele assim chama os espíritas], a expressão 'espírita' cobre [também a Umbanda] e mesmo umbandistas mais ortodoxos sempre se dizem espíritas" (1961, p. 14). Se a Umbanda aceitou de bom grado esta assimilação ao termo *espírita*, para o Espiritismo aconteceu justamente o contrário com o epíteto kardecismo, isto pelo fato deste nome ter-lhe sido aposto *de fora para dentro* e não por autodefinição. *Kardecismo* sugerindo uma remissão ao nome do codificador francês da doutrina. Então, a alcunha *kardecismo* funcionou como um apelido, que, apesar dos *protestos* do Movimento Espírita referidos acima, terminou por assegurar uma forma do Espiritismo da Codificação kardequiana se distinguir da Umbanda, dentro da população brasileira.

Outra forma de distinção entre Espiritismo e Umbanda foi aquela apontada por Giumbelli, quando sublinha as duas representações para as práticas espíritas: a de *alto Espiritismo* e a de *baixo Espiritismo* (1997). Para este autor, paulatinamente ao longo das primeiras décadas do século XX, o Movimento Espírita vai buscar sua legitimação através do exercício da *caridade* e da benemerência promovida pelas instituições espíritas, reivindicando-se como religião e não superstição. E como exemplo desta postura, não cobravam pelos seus serviços terapêuticos espirituais e realizavam atividades filantrópicas de *amor ao próximo*. Ao contrário, aqueles cultos que sem *fundamentação moral e doutrinária* praticavam *sortilégios* com promessas de cura e atendimento aos desejos dos consulentes, cobrando monetariamente por esses serviços, apesar de possuírem semelhança no fenômeno da mediunidade, não se configuravam enquanto pertencendo ao Movimento Espírita.

Segunda lição

A Doutrina Espírita

A Doutrina Espírita[14] é o cerne onde se erige o Movimento Espírita. É ela que lhe permite atribuir-se ser o portador da renovação espiritual da humanidade. No livro mais conhecido e fundamental da Codificação, *O livro dos Espíritos*, estão contidos os princípios doutrinários sobre a imortalidade da alma, a natureza dos espíritos, as questões morais que os cercam, a vida presente e ulterior dos espíritos e o futuro da humanidade e do cosmo. O livro se encontra dividido em três partes:

---

14 Como veremos na lição quatro deste livro, a doutrina espírita está contida nos cinco livros que compõem a chamada codificação de Allan Kardec: *O livro dos Espíritos* (1858), *O livro dos médiuns* (1861), *O Evangelho segundo o Espiritismo* (1864), *O céu e o inferno* (1865) e *A gênese, os milagres e as pregações segundo o Espiritismo* (1868).

a Doutrina Espírita, as leis morais e a esperança e consolação (KARDEC, 2013)

A mensagem desta doutrina foi revelada pelos espíritos de luz aos habitantes da Terra numa época em que o planeta ascendeu a um nível de desenvolvimento espiritual que lhe permitiu receber a mensagem. A Doutrina Espírita concebe-se como a *Terceira Revelação*, completiva e evolutiva em relação às revelações anteriores: Mosaica/Judaísmo e Cristã/Cristianismo (VAN ROSSUM 1993, p. 71). Revelação que na sua perspectiva evolucionista se compreende como *a religião da era da ciência*. Logo, as demais, inclusive o Cristianismo histórico, correspondendo a eras anteriores. Diante do Cristianismo estabelecido, particularmente do Catolicismo, como vimos acima – com quem o Espiritismo vai interagir de forma bastante conflitiva na França e no Brasil –, a Doutrina Espírita vai se reivindicar como mais justa, mais racional e mais consoladora. Dentro desta hermenêutica espírita, o *Paráclito*, a vinda do Espírito Santo sobre a Terra segundo o Novo Testamento, é reinterpretada como a *boa-nova* anunciada pelos espíritos superiores instituindo a era do Espiritismo na terra. No livro *O Consolador*, de mensagens do espírito mentor Emmanuel psicografado por Chico Xavier, o primeiro apresenta o Espiritismo "na sua feição de Consolador prometido por Cristo" (XAVIER, 2009).

Kardec, por sua vez, acreditava que a Doutrina Espírita no futuro se consolidaria como a etapa culminante do processo evolutivo espiritual no planeta, promotora de uma grande reforma religiosa que lograria a unificação de todas as crenças (ARAÚJO, 2016, p. 53). Pouco antes de sua morte, Kardec explicitará *a religião do Espiritismo* como aquela que *pode conciliar-se com todos os cultos*, com isso frisando a perspectiva da Doutrina como a convergência universalista da fraternidade e solidariedade na humanidade (DAMAZIO, 1994, p. 49).

A Doutrina Espírita se assenta numa cosmologia e numa ontologia onde dentro de um evolucionismo espiritual se explica a gênese e o destino de todos os seres do universo. Segundo essa cosmovisão, que tem como referência a tradição judaico-cristã, Deus enquanto princípio criador gerou o universo que se constitui de uma dimensão espiritual e outra material, a primeira hierarquicamente superior em termos morais e evolutivos à segunda. A esta divisão corresponde a dupla condição dos seres humanos em forma espiritual e material. Portanto, os espíritos são criados por Deus, simples e ignorantes com destino à perfeição. A vida destes teve um início, mas semelhante a existência de Deus não terá fim.

A encarnação é o processo de materialização de um espírito preexistente num feto. Na verdade, um espírito é um ser vivo desencarnado. A circunstância corporal que experimenta se configura como um dos muitos invólucros de sua existência nas sucessivas encarnações rumo à evolução para a condição de espírito perfeito. Um espírito possui, então, duas modalidades de existência que se alternam: desencarnado e encarnado. O fato de ser espírito, não faz dele um ser especial, este possui as qualidades, defeitos e sentimentos de qualquer ser humano, pois, de fato, os humanos são espíritos encarnados (AUBRÉE; LAPLANTINE, 2009, p. 53-54).

Para a Doutrina, um indivíduo é composto de corpo material e espírito, estes dois ligados por um elo semimaterial que é o *perispírito*. O períspirito é feito da mesma substância do *fluido universal*, sendo ambos os condutores da volição dos espíritos (encarnados e desencarnados). Na condição de espírito, o fluido universal é o móvel de seu pensamento, sentimento e vontade, mas na situação de encarnado é por meio dele que o espírito atua sobre os órgãos do corpo. O perispírito consiste de duas partes: uma mais grosseira que se destrói junto com o corpo na morte e outra mais sutil que se conserva acoplado no espírito. Sobre ele se imprimem as experiências de todas as vidas encarnadas de um espírito (KARDEC, 2009).

Ao encarnar o espírito esquece a memória de suas vidas pretéritas, que permanece no inconsciente, podendo vir à tona na forma de intuição. Ao desencarnar, o espírito no plano espiritual readquire a memória do conjunto de suas vidas, podendo ajuizar um balanço de seu percurso evolutivo. Os espíritos podem ser definidos como *individualidades morais*, pois são dotados de pensamento, inteligência e vontade, o que implica uma responsabilidade, enfim, no *livre-arbítrio* diante do bem e do mal. Existe uma igualdade inicial: todos dotados dos mesmos atributos e do livre-arbítrio. Será, portanto, no percurso evolutivo para a condição de *espíritos puros* que eles se diferenciarão. Uns avançarão mais do que os outros, como consequência dos atos praticados na vida encarnada e da relação destes atos com a Lei Divina de Causa-Efeito, na dinâmica das encarnações/desencarnações/reencarnações. O mundo material será então o *campo*, onde estes, munidos do livre-arbítrio, exercitarão suas *provas*. Esta liberdade de escolha, conferida por Deus, deixa os espíritos responsáveis por seus atos, mas também submetidos ao determinismo da Lei Divina de Causa-Efeito (inviolável e imutável) que baliza e estabelece as consequências na trajetória evolutiva dos espíritos. Fruto da opção entre o bem e o mal, o espírito produz o mérito ou a culpa sobre si mesmo, esta é a lei da Causa e Efeito, criada por Deus, ou seja, nenhum fato do ponto de vista moral se perde. Em cada encarnação, o espírito colherá os frutos da encarnação passada, no jargão espírita cada um *produz seu carma!* A Lei da Causa-Efeito, contudo, não implica retrocesso, como as vezes é incorretamente interpretada por visões externas à Doutrina Espírita. Ao contrário, ela impele os espíritos a *progredir* a cada encarnação, já que não existe a retroação a uma condição animal, como na cosmovisão hinduísta. O que pode ocorrer é o espírito ficar estacionado na sua perspectiva de progresso. A Lei de Causa-Efeito não significa apenas *expiação*, mas a oportunidade de *renovação* que depende do *mérito individual*. Se por um lado o determinismo está presente na Lei, quando o espírito *sofre* a ação que produziu anteriormente, há também um espaço para a transformação e mudança, que através do livre-arbítrio promove no indivíduo a *reparação* e o *resgate* de sua *dívida cármica*.

O determinismo da Lei impõe situações concretas de vida que o espírito experimenta ao longo de sua encarnação, chamadas no léxico espírita de *vicissitudes da existência corporal*: doenças físicas e mentais, discriminação, violências, crises materiais, enfim, toda sorte de constrangimentos sofridos na vida. Ao lado disso, nesta dialética evolutiva, há lugar na existência deste mesmo espírito encarnado para uma situação de *indeterminação*, que através do seu livre-arbítrio permite duas opções. A primeira, uma *renovação*, *resgate* e consequente *evolução* diante do enfrentamento da situação de *provação*. Isto porque é o espírito desencarnado no plano espiritual, impelido pela Lei de Deus e aconselhado por espíritos superiores, que *escolhe* ou *aceita* a situação de provação que viverá enquanto *programação* prévia na sua próxima encarnação com fins de resgate para sua evolução. A segunda se dá com a incapacidade de enfrentamento da prova, que implicará *estagnação* no seu processo de evolução. Existe ainda uma terceira, quando pelos seus méritos no enfrentamento da provação o espírito adquire a obtenção de uma *atenuação* desta expiação ainda na própria encarnação. Esta às vezes altera o destino programado, mas sempre pelos méritos, pois o que importa é o resgate e a evolução (KARDEC, 2013; CAVALCANTI, 1980, p. 30-50).

Para a Doutrina, nós enquanto espíritos encarnados sofremos influência dos desencarnados, que povoam o universo e agem sobre o meio físico e sobretudo o moral. Nos sintonizamos com os espíritos na mesma *faixa vibratória* da nossa condição evolutiva, influência que se dá pelo pensamento e pode ser positiva ou negativa. Neste segundo caso, ela pode desembocar na obsessão. A obsessão significa o domínio que espíritos inferiores, os obsessores, exercem sobre suas vítimas, chamadas no jargão espírita de obsidiados. O obsessor atua sobre o obsidiado, que é um espírito encarnado. O obsessor é um espírito que não se arrependeu, que não quer (re) encarnar para evoluir, mas encarnar/incorporar outros corpos, porque está identificado com a matéria. Já o obsidiado, de alguma forma, provoca a obsessão por se encontrar numa baixa faixa vibratória moralmente inferior, tornando-se quase que um *médium às avessas* a serviço da vontade de espíritos inferiores. No fenômeno da obsessão, um espírito desencarnado se incorpora em um espírito encarnado ocupando seu pensamento, tirando-lhe o livre-arbítrio e impedindo sua programação evolutiva. Para Cavalcanti, a obsessão representa, uma *conjunção indevida* entre mundo espiritual e material, é uma "antimediunidade e antiencarnação, congelamento da evolução" (1983: 128), significando um perigoso desajuste para ambos, obsessor e obsidiado, na sua trajetória evolutiva. Para tal precisa ser conjurado pelo expediente da desobsessão praticada por médiuns experimentados assessorados por espíritos de luz, que irei examinar no capítulo 6.

Segundo a Doutrina, os espíritos primordialmente se comunicam com os indivíduos no plano material através dos médiuns. Kardec é bem explícito em *O livro dos médiuns* sobre sua condição de intermediário: "O médium é um instrumento de uma inteligência exterior, é passivo e o que diz não vem dele" (KARDEC, 1981, p. 216). Segundo as características dos médiuns, pode-se classificá-los em: 1) médiuns auditivos, que ouvem as mensagens dos espíritos e as transmitem; 2) médiuns falantes, quando através de suas cordas vocais os espíritos se manifestam; 3) médiuns psicógrafos, cuja mão é guiada por um espírito na escrita; 4) médiuns curadores, pois através deles os espíritos realizam cirurgias espirituais; 5) médiuns artistas, onde por meio deles espíritos de escritores, pintores, músicos, poetas se manifestam produzindo obras de arte. Kardec falava ainda da *mediunidade de efeitos físicos*, por meio da qual médiuns materializavam espíritos e moviam objetos, com o auxílio do fluido universal. Esta forma de mediunidade que foi superada, correspondendo ao início do Espiritismo, visava provar a existência de seres espirituais por trás destas manifestações. Hoje a utilização do fluido serve, entre outras coisas, para a realização de operações espirituais no perispírito dos doentes.

Todos os seres encarnados têm de maneira branda algum tipo de mediunidade, na relação de influência mútua que estabelecem com espíritos circundantes. O médium, contudo, é aquele que possui esta faculdade na forma de *mediunidade* ostensiva. Precisa, pois, *desenvolvê-la* para evitar o descontrole. O desenvolvimento da mediunidade se dá dentro do Espiritismo, através de prática regulada em um aprendizado de técnicas e formação moral que envolve o estudo da Doutrina e a prática da caridade. A atividade mediúnica exercida dentro de um Centro Espírita, pressupõe que o médium *dê passividade*, ou seja, desloque seu espírito do seu corpo e permita que o espírito que vai se incorporar se conecte com seu perispírito e através dele atue no seu cérebro[15]. A porção do cérebro utilizada pelo espírito que incorpora para se manifestar implica no tipo de mediunidade, se *consciente* ou *inconsciente*. No meu entender, o sociólogo Cândido Procópio Camargo se

---

15 Na teoria espírita isto se dá através da *glândula pineal* ou *epífise*, também chamada de *glândula da mediunidade*.

equivoca ao associar mediunidade *consciente* ao chamado Espiritismo Kardecista, por sua faceta de controle e racionalidade e a *inconsciente* à mediunidade praticada na Umbanda devido ao seu caráter mais mágico e sensitivo (1973, p. 167). Numa hermenêutica mais sofisticada da Doutrina Espírita, Cavalcanti explica que a mediunidade consciente ou intuitiva ocorre quando o espírito incorporante envolve o espírito do médium numa vibração e o médium, através do seu próprio espírito, propaga a mensagem que recebe do outro espírito. O risco desta mediunidade é que a manifestação mediúnica espelhe mensagens produzidas pelo seu próprio espírito, o que a Doutrina chama de *animismo*. Já a mediunidade inconsciente, onde o médium afasta seu espírito, cedendo ao espírito incorporador o controle do seu corpo, assegura que a mensagem foi realmente proveniente do espírito que incorpora. Embora sejam duas maneiras de comunicação mediúnica, Cavalcanti arrisca dizer que os espíritas com quem conviveu na sua pesquisa consideram, por outros motivos dos arrolados por Camargo, a mediunidade consciente aquela *do futuro*. Segundo esta concepção, numa .realidade posterior da Terra, onde seus habitantes viverão uma condição evolutiva mais elevada, com uma mediunidade mais refinada, a comunicação com os espíritos será pelo pensamento, logo imaterial, sem precisar do recurso do corpo para tal (CAVALCANTI, 1983, p. 118-119).

A comunicação entre espíritos e nós, espíritos encarnados, obedece a uma afinidade de sintonia, como disse acima, pois todos nós somos potencialmente médiuns, embora só em alguns esta faculdade seja mais explícita. A atração e sintonia mediúnica entre desencarnados e encarnados de característica pouco evoluída resulta no que Kardec chamou de médiuns de comunicações triviais e licenciosas, que transmitem as futilidades de espíritos em estágio baixo, ligados à matéria.

Devido a esta constante comunicação entre espíritos de todos os tipos e médiuns encarnados, a mediunidade é potencialmente arriscada, pois o médium costuma captar e transmitir de acordo com as vibrações do seu entorno. Deste modo sofre constante assédio dos espíritos inferiores. Por isso ele deve *vibrar* numa faixa mais elevada e procurar manter uma elevação intelectual e moral. Há também cuidados corporais que ele deve manter antes do exercício da mediunidade: evitar o consumo de comidas pesadas, álcool, cigarros e remédios para deixar o fluxo sanguíneo e o cérebro capazes para operar a presença dos espíritos comunicantes. Uma das questões da mediunidade para o Movimento Espírita é a da sua fidedignidade. Um médium que adquire o maior reconhecimento é aquele capaz de filtrar da maneira mais autêntica e fiel à mensagem emitida pelos espíritos. Cavalcanti afirma, pelo que asseveram os espíritas com quem lidou, que a qualidade da comunicação operada por um médium tido como excepcional se deve ao fato de este já ter sido médium em outras encarnações e de ter vindo com uma missão espiritual para o exercício desta função. Também revela que existe uma hierarquia mediúnica, que estabelece o médium mais importante dentro de um Centro, aquele que é reconhecido como o mais confiável numa região, num estado, até chegar ao ápice (CAVALCANTI, 1983, p. 121-122). A partir do Brasil foi Chico Xavier aquele que sintetizou a exemplaridade da condição de médium, inclusive redimensionando, em termos de proeminência, o papel do médium para o Movimento Espírita, da classificação instrumental que lhe prescreveu Kardec[16].

Um dos aspectos essenciais da Doutrina é a *caridade*, a ponto de figurar como o lema do Espiritismo: *Fora da caridade não há salvação!* Dentro da concepção cristã da Doutrina, é o *amor ao próximo*. Embora a evolução espiritual seja individual, ela se dá na interação com o outro. É uma relação de reciprocidade, pois, ao ajudar o outro em situação de infortúnio, o indivíduo está se credenciando para uma próxima encarnação

---

16 Para Kardec, os médiuns *são meros instrumentos*. Em *O livro dos médiuns*, ele diz: "o papel do médium é o de uma máquina [...] é instrumento de uma inteligência exterior, é passivo e o que diz não vem dele" (KARDEC, 1981, p. 208-216). No entanto, como vimos anteriormente e veremos nas lições posteriores, a centralidade que a mediunidade de Chico Xavier adquiriu levou que, segundo Lewgoy, "a obra espiritual não [tivesse] autonomia em relação ao médium, é este que empresta o seu carisma de modo a marcar o valor e a notoriedade do *autor espiritual*" (LEWGOY, 1998, p. 105).

numa condição mais evoluída. Por outro lado, aquele que é auxiliado tem neste contato a oportunidade de evoluir ao perceber seu sofrimento e as possibilidades morais de enfrentá-lo. Afinal, todos os seres encarnados na Terra, *planeta de expiação e provas* estão numa condição equivalente de *espíritos em evolução*, o que implica sempre, no que tange à evolução, em ajuda mútua envolvendo todos. O princípio da caridade manifesta-se tanto em auxílios morais quanto em materiais. No primeiro caso, são os conselhos e as orientações visando uma reforma interna no indivíduo em situação de aflição. Corporifica-se no exercício do *atendimento fraterno*. A ajuda moral pode vir acompanhada da terapêutica dos chamados tratamentos espirituais: dos *passes*, da *irradiação*, da *desobsessão* e até das cirurgias espirituais. No segundo caso, são as *obras assistenciais* que podem ir de uma simples distribuição de alimentos e vestuário, até a criação de instituições de auxílio: creches, ambulatórios, abrigos de idosos e de crianças etc.[17]

É importante também registrar, em termos de abrangência, o caráter cósmico da Doutrina. A existência dos espíritos nas suas sucessivas encarnações se realiza não apenas na Terra, mas nos diversos planetas espalhados pelo universo. O próprio espaço sideral está povoado por espíritos flutuando. Esta concepção chamada *teoria da pluralidade dos mundos habitados* está

---

17 Para uma visão mais detida da prática da caridade no Espiritismo brasileiro, cf. Camurça (2001, p. 131-154) e Simões, Souza (2020, p. 87-195).

contida em *O livro dos Espíritos* e referendada em 1862 num livro do mesmo nome, de autoria de um dos maiores astrônomos da época, Camille Flammarion, adepto do Espiritismo. Nesse livro, o autor defende que a pluralidade das existências se realiza numa multiplicidade de lugares, os planetas. Estes, correspondendo à evolução dos espíritos que se encarnam neles, hierarquizados de acordo com o grau de desenvolvimento espiritual de seus habitantes.

Pelo exposto, pode-se, através da formulação de Max Weber, compreender a Doutrina Espírita como uma forma particular de *teodiceia*, que é um aspecto crucial das religiões. Numa teodiceia está contida determinada explicação para a finitude, o sofrimento e a dor (WEBER, 1991, p. 350-355). No caso espírita, teríamos uma teodiceia racionalista e ética, a *fé raciocinada*.

Terceira lição

Espíritos superiores, de luz, evolução, tipologia dos espíritos e santidade

Se formos pensar a noção de transcendência na Doutrina Espírita, ela corresponderá à realidade do *plano espiritual*, lugar onde os espíritos vagam esperando o momento de reencarnar no *plano material*, de acordo com sua programação espiritual, no trajeto de sua evolução. Em *O céu e o inferno*, Kardec se refere a este espaço como lugar de *erraticidade* dos espíritos (KARDEC, 1995a, p. 22-25). Será na literatura psicografada de Chico Xavier, que desenvolvo no capítulo 4, que o *plano espiritual* será descrito pormenorizadamente em termos de *planos* que alocam os seres segundo seu desenvolvimento espiritual.

A condição de hierarquia e de superioridade entre os espíritos e sua capacidade de funcionar como mentores e guardiões espirituais dos espíritos encarnados, está subordinada ao princípio da evolução. Princípio este que, se de um lado universaliza todos os espíritos como potencialmente iguais no momento de sua criação, de outro os classifica de acordo com o lugar que vêm obtendo ao longo do processo evolutivo.

Segundo *O livro dos Espíritos*, o grau de evolução separa os espíritos em três ordens segundo uma escala moral que corresponde às porções de matéria ou de fator espiritual que influencia cada espírito. Na base desta escala está a ordem dos espíritos imperfeitos. Eles se distribuem entre os impuros, levianos, pseudossábios, neutros e perturbadores. Na escala do meio se encontram os espíritos bons: os benévolos, os sábios e os superiores. Estes últimos são dotados de ciência, sabedoria e bondade e se encarnam na Terra, retardando sua evolução para *espírito puro* apenas para ajudar os demais espíritos[18]. Por fim, no topo da hierarquia espiritual se encontram os *espíritos puros*, que já não têm nenhuma influência da matéria, possuindo superioridade intelectual e moral absoluta e por isso não sendo

---

18 Isto nos remete singularmente à figura do bodhisattva do Budismo, ser que adia sua iluminação final para encarnar na terra visando ajudar os sofredores.

mais suscetíveis à encarnação (KARDEC, 2013, p. 94). Para Kardec, um espírito superior é reconhecível pela sua modéstia, sabedoria e linguagem: "Conhecem-se os homens por sua linguagem: dá-se o mesmo com os Espíritos" (KARDEC, 1995b, p. 52).

Os espíritos superiores foram os responsáveis pelas respostas às perguntas de Rivail/Kardec para a elaboração de *O livro dos Espíritos*. Logo, deles partiram as mensagens de alto conhecimento da realidade universal na elaboração da Doutrina Espírita. Foram eles: São João Evangelista, Santo Agostinho, São Vicente de Paulo, São Luís, Sócrates, Platão, Fénelon, Benjamin Franklin, Swedenborg e também a figura proeminente do Espírito de Verdade. Segundo Kardec, estes espíritos superiores também revisaram em termos de adições e correções o texto final de *O livro dos Espíritos*. Dentre todos esses espíritos de luz, um sobressaiu-se como guia espiritual do próprio Kardec, aquele que se intitulava como o Espírito de Verdade. Kardec, entre 1861 e 1863, concluiu que ele era o próprio Jesus Cristo, *o protetor da Terra*, responsável pela vinda do Espiritismo enquanto a Terceira Revelação.

O guia espiritual do Espiritismo brasileiro é, sem dúvida, Bezerra de Menezes, que em vida foi médico, deputado federal e presidente da Federação Espírita Brasileira no ano de 1889 e depois de 1895 a 1900. Bezerra, alcunhado como o *Kardec brasileiro*, é uma das maiores referências do Movimento Espírita no país pelo seu estilo de vida compassivo que lhe rendeu o título de *o médico dos pobres*. Segundo a narrativa espírita, ao *desencarnar* em 11 de abril de 1900, sua chegada ao plano espiritual foi testemunhada por toda a *elite celeste*, como os apóstolos, Maria Madalena e vários anjos (GIUMBELLI, 1997, p. 121). E do *plano espiritual* continuou a orientar os rumos do Espiritismo no Brasil e na Terra. De fato, o espírito do Dr. Bezerra, à maneira dos santos católicos, costuma ser invocado por espíritas em casos extremos de doença, pela sua capacidade intercessora no plano espiritual na operação de curas e proteção. Testemunha tal afirmação o caso relatado no livro *Lindos casos de Bezerra de Menezes*, de Ramiro Gama, que descreve uma situação que se passou em 1939, quando uma criança enferma com dores na perna solicita ao espírito do Dr. Bezerra um *passe* para o alívio de sua dor. E do plano espiritual, o passe fluídico é realizado com o consequente restabelecimento da saúde da criança (WARREN, 1984, p. 78). Além de Bezerra, outros espíritos de luz acompanharam, enquanto mentores, eminentes médiuns, tornando-se referência na história do Espiritismo no Brasil, como Emmanuel para com Chico Xavier e Joana de Ângelis, no que diz respeito a Divaldo Franco. Segundo uma explicação espírita dada a Cavalcanti, o mentor ou guia espiritual *é o anjo da guarda dos católicos*, ou seja, um espírito superior que acompanha e orienta um espírito encarnado na sua existência (1983, p. 88).

Cada Centro Espírita também tem um guia espiritual, um espírito superior que orienta e protege os trabalhos do Centro. No caso do Lar de Tereza, Centro Espírita pesquisado por Cavalcanti, o dirigente espiritual deste Centro é Bezerra de Menezes, atestando seu prestígio no meio espírita, como anteriormente citado. Além dele, o Centro conta com *amigos espirituais* privilegiados como os espíritos superiores, Tereza e Antonio de Aquino. A primeira é a santa católica Teresa de Lisieux, e Antonio de Aquino, segundo os integrantes do Centro, foi um padre católico que realizava curas milagrosas (1983, p. 54).

A Doutrina Espírita não reconhece a condição de santidade, assim como também o faz com o sagrado, ritual, sacerdócio etc. –, como veremos em capítulo subsequentes. Ao contrário, define este dom de indivíduos especiais em outras religiões como característica de *espíritos superiores* encarnados, sábios e plenos de amor na ajuda para os demais espíritos evoluírem. No entanto, o antropólogo Bernardo Lewgoy desenvolve o argumento de que Chico Xavier, o médium, símbolo maior do Espiritismo brasileiro, expressa "códigos de Santidade" (2004, p. 74), ainda que dentro dos marcos do Espiritismo. Isto se dá por sua capacidade intercessora para com o plano espiritual em virtude da sua capacidade mediúnica, moral e missão enquanto espírito benfeitor encarnado. Para o autor, o estado de santidade se explicita pela capacidade de renúncia do médium em relação ao que a cosmologia espírita define como a dimensão da *matéria* (2004, p. 75). Ao abrir mão de benefícios provenientes de sua mediunidade, direitos autorais, benesses, cargos e empregos e praticar uma ética integral da humildade e caridade, Chico Xavier correspondeu a vivência exemplar dos valores espíritas realçando, contudo, traços do catolicismo das Minas Gerais, onde viveu. Dentre estes, Lewgoy destaca: a invocação e súplica à graça de Maria de Nazaré e aos espíritos de luz. Segundo o antropólogo, outras qualidades do *sanctorum* católico estão presentes no médium de Uberaba: "alegria franciscana diante da pobreza e das adversidades articulada à fraternidade, caridade cristã e humildade [em] uma constante resignação diante das muitas atribulações" (LEWGOY, 2004, p. 76). No uso de seu extraordinário dom da mediunidade, ele a coloca a serviço da causa do bem dentro do preceito "dar de graça aquilo que de graça recebeste". Chico se autoimpõe um código inflexível de dever e missão a partir da rígida orientação que lhe prescreve seu mentor, o espírito Emmanuel. Isto confere à sua vida uma sequência de privações, que ele mesmo reconheceu quando disse: "Não vivi para mim mesmo"[19]. Sua atividade de uma

---

19 Também Soares em artigo (1979: também destaca o ato de mediunidade em Chico Xavier no plano do sacrifício, no qual o que é sacrificado

vida toda foi ser o médium caritativo através do cumprimento de sua missão: passar para os irmãos sofredores "as mensagens, bens, curas, graças e intercessões" (LEWGOY, 2004, p. 82).

A antropóloga Sandra Stoll também se refere a uma *ética de Santidade* em Chico Xavier. De acordo com o modelo de santidade cristã, aquele reconhecido como santo é o que faz de sua vida uma *metáfora da vida de Cristo*. Para Stoll, Chico possui atributos de curador, consolador e missionário, que, criado em ambiente católico, reconstitui através da sua vida todas as virtudes do modelo de santidade. Vida devotada à caridade, entremeada de sofrimentos e martírio, doação, desapego aos bens materiais, castidade e celibato, pobreza e obediência aos desígnios do plano espiritual e às orientações dos mentores (2003, p. 193-197).

é a própria individualidade do médium que se anula. É esta *diminuição do eu* tanto do ponto de vista moral, marcado pela humildade, quanto existencial, que permite *dar passividade* plena para que o espírito comunicante faça uso de seu corpo para a emissão de mensagens e obras edificantes da Doutrina.

Quarta lição

A codificação kardequiana e a literatura mediúnica de Chico Xavier: textos canônicos do Espiritismo?

Se o Espiritismo possui um texto canônico, este está contido nas cinco obras doutrinárias compiladas e elaboradas por Kardec a partir das mensagens dos *espíritos superiores*. O conjunto foi também chamado de *Codificação Espírita*, mais popularmente alcunhado pelos adeptos de *Pentateuco espírita*, fato que não deixa de evocar uma conotação sagrada judaico-cristã para os textos. São estes os livros que compõem a codificação: *O livro dos Espíritos* (1857), que lança os princípios e o arcabouço da doutrina; *O livro dos médiuns* (1861), que normatiza o exercício na mediunidade; *O Evangelho segundo o Espiritismo* (1864), uma releitura espírita do Evangelho e suas implicações morais; *O céu e o inferno* (1865), que explica a relação das penas e recompensas no processo evolutivo dos espíritos; e a *Gênese* (1868), que esclarece a cosmologia espírita[20].

A Revelação no Espiritismo, diferente do que se passou nas religiões tradicionais, não ocorre misticamente através de um profeta iluminado, mas se reveste de um caráter *científico*. Foi resultado de um método formal e objetivo que buscava evidências empíricas do mundo espiritual, enfim uma *coleta de dados* do além (AUBRÉE; LAPLANTINE, 2009, p. 44). Segundo Kardec, ele aplicou o *método experimental* de perguntas a diversos espíritos, através de distintos médiuns, canais de obtenção destas informações. Comparou todas as respostas, pois, apesar de serem originárias do meio espiritual, não constituíam necessariamente as verdades últimas do transcendente na medida em que correspondiam ao grau de conhecimento de cada espírito inquirido. Examinou as recorrências entre elas e assim

---

20 Podem ser consideradas obras complementares à Codificação, a Revista Espírita (Revue Spirite), organizada por Kardec para promover o debate com antagonistas no processo de expansão do Espiritismo, que circulou sob a direção do fundador de 1858 a 1869. O livro *O que é o Espiritismo?* publicado em 1862, contendo as polêmicas que Kardec se envolveu na defesa da doutrina e *Obras póstumas*, organizado em 1890 por seus seguidores com textos inéditos.

selecionou e deu forma a um conjunto que dizia respeito às leis que regem o universo, mundo espiritual e o destino de todos os seres: a Doutrina Espírita. Enfim, ele adequou revelação à pesquisa científica nos moldes positivistas de como era feito no século XIX. Dessa forma, a Doutrina Espírita expressa uma revelação realista, des-sobrenaturalizada, sem a linguagem simbólica e metafórica das religiões clássicas que requer uma hermenêutica. Ao contrário, reivindica-se uma elaboração proveniente de depoimentos de *espíritos desencarnados*, indivíduos como nós, mas com um alto grau de evolução, que revelam de forma *científica*, racional e moral a Lei universal do progresso espiritual de seres e mundos. Para Aubrée e Laplantine, *O livro dos Espíritos*, "escrito em linguagem monocorde [...] narra fatos que têm para [Kardec] a simplicidade e a clareza de uma regra de três" (2009, p. 45). Como constatação desta reflexão, Kardec tinha afirmado: "o que Jesus diz em parábolas, o Espiritismo enuncia em termos claros e sem equívocos".

A forma como este texto canônico se difundiu inaugura uma diferenciação em relação às religiões tradicionais, como a Bíblia nos séculos XVI e XVII, através de suas raras edições. No caso da literatura espírita, sua gênese no século XIX já está associada a uma escala editorial voltada para uma classe média letrada como forma de ilustração e conhecimento sobre o *além* (STOLL, 2003, p. 24-31). Além disso, servindo também como orientação moral para a atividade religiosa espírita.

O conjunto de textos do *Pentateuco espírita* detém uma centralidade dentro das instituições espíritas, pois permite distinguir a Doutrina Espírita de outras formas de espiritualismo e funciona como fonte de autoridade que legitima posições em meio a divergências. Nas sessões e cultos espíritas sua leitura, estudo e comentário são essenciais na reprodução desta religião (CAVALCANTI, 1982, p. 23). Portanto, pode-se dizer que, dando seguimento às religiões monoteístas do Livro (Talmud, Bíblia, Corão), o Espiritismo constitui-se também como uma religião moderna do(s) Livro(s). E tal como as primeiras, em que pese seu autoproclamado caráter científico/racional, assegurou muito do seu prestígio para adeptos e simpatizantes, pela sua capacidade enquanto texto canônico de funcionar como "polo simbólico de identificação comum" (LEWGOY, 2006, p. 73). Desta maneira, o texto da Codificação ganhou quase que foros de infalibilidade. Isto por se propor abarcar um conjunto milenar de conhecimentos provenientes dos espíritos superiores sobre as leis do universo e do transcendente, resguardado das contaminações e dos equívocos circunstanciais do mundo material. Por isso, alguns autores ousaram afirmar que a Codificação "assumiu para a maior parte do Movimento Espírita o lugar ocupado pelos textos sagrados de outras religiões" (ARAÚJO, 2016, p. 84). No entanto, a *terceira revelação espírita*, por seu autoproclamado caráter de filosofia e ciência do espiritual, via-se acompanhando a condição provisória e cumulativa do conhecimento científico. Segundo Kardec, se o Espiritismo avançar sempre junto com a ciência, ele "jamais será ultrapassado, porque se novas descobertas lhe demonstrassem estar em erro, ele se modificaria nesse ponto. Se uma verdade nova se revelar, ele a aceitará" (KARDEC, 2009).

Contra certo senso comum no meio espírita e mesmo num sentido oposto ao próprio papel que Kardec se autoatribuiu, de ser fundamentalmente o codificador de uma doutrina proveniente dos Espíritos superiores, alguns autores como Stoll (2003, p. 39-40, 48) e Araújo (2016, p. 84-89), lançam a fecunda ideia de que Kardec foi autor, ou no mínimo coautor, do texto doutrinário do Espiritismo em parceria com os Espíritos superiores. De qualquer maneira, esta foi uma doutrina ditada literalmente pelos Espíritos a um Kardec, mero copista. Ao contrário, ele realizou uma pesquisa, através de perguntas que ele próprio formulou – através dos médiuns – a diversos espíritos que expressaram sua posição pessoal às questões. Estes depoimentos foram selecionados, comparados e submetidos à interpretação de Kardec a partir dos dados orais destas fontes de informação. Kardec retirou destes depoimentos esparsos uma doutrina articulada, em que a organização temática dos capítulos e a longa exegese das informações se devem a ele. Tanto o nome *Espiritismo* quanto a formulação da doutrina no formato tripartite de ciência, filosofia e religião são ambas escolhas e definições do próprio Kardec[21]. A questão que fica, de acordo com a cosmologia espírita, é que para exercer esse protagonismo Kardec teria vindo nesta encarnação com uma missão, segundo mensagem espiritual em 1857 do espírito *Zéfiro*, ou seja, aquela de codificar a Doutrina e organizar o Espiritismo, como já sugerido anteriormente no tópico sobre o fundador da Doutrina.

Posso dizer, entretanto, que a base canônica dos textos espíritas não se encerrou com a Codificação. A consolidação do Espiritismo no Brasil e a sua rica experiência em termos mediúnicos fez surgir no país um conjunto de obras que acrescenta à Doutrina um aspecto suplementar. Estou me referindo à obra psicografada de Chico Xavier. Este enorme acervo produzido pelo médium[22], através dos espíritos Emmanuel, André Luiz e Humberto de Campos, significou uma continuidade, em termos de autoridade doutrinária, em relação à

---

21 Araújo empreende no seu livro *Espiritismo, esta loucura do século XIX: ciência, filosofia e religião nos escritos de Allan Kardec*, de uma forma rigorosa e sofisticada, uma complexa discussão sobre as concepções de Kardec em torno do caráter tripartite da Doutrina (ARAÚJO, 2016).

22 Chico Xavier possui cerca de 458 livros psicografados e cerca de 45 milhões de exemplares vendidos. Tem sua obra traduzida em 30 idiomas (Chico Xavier superstar. *Revista Isto É*, 26/01/2016).

Codificação kardequiana. Através deste, podemos falar da criação de um complexo e diversificado imaginário dentro do Espiritismo, alternativo, mas com igual validade, às clássicas abstrações filosóficas da obra de Kardec, que definiam, até então, a totalidade do que era esta Doutrina.

Esta nova literatura espírita inaugurada no Brasil, por meio da psicografia de Chico Xavier, vem confirmar os princípios doutrinários da Codificação. De forma particular, ela está baseada em narrativas com personagens, enredos, ambientações num estilo de romance. Contudo, a obra com o selo do maior médium brasileiro não foi tomada pelo Movimento Espírita apenas como uma ficção exemplar, mas como revelações verdadeiras, provenientes do *plano espiritual* com a mesma finalidade dos textos clássicos codificados por Kardec. Nesta narrativa, o princípio doutrinário do processo evolutivo é apresentado em situações reais ocorridas com indivíduos/espíritos como qualquer um de nós, sob a interveniência dos espíritos superiores e mentores e até do próprio Jesus Cristo, o maior deles.

As estórias narradas na obra psicografada de Chico Xavier se apresentam em dois grandes eixos. O primeiro está assentado no devir histórico, ou seja, o processo histórico vivido enquanto uma contextualização da dinâmica evolutiva espiritual. Aqui, a historicidade obedecendo a lógica reencarnacionista evolutiva tal como descrita filosoficamente na Doutrina Espírita (STOLL, 2003, p. 97-98). E o segundo é uma descrição do mundo espiritual e da situação de um espírito desencarnado inserido nele, em convivência com outros espíritos, embora de graus evolutivos distintos. Ambas as narrativas, segundo a antropóloga Sandra Stoll, "podem ser vistas como complementares [...] duas fases de um único e mesmo processo" (2003, p. 107).

O primeiro conjunto de romances de teor histórico, cujo modelo é o livro fundador da série *Há 2000 anos* (1939), narra a história milenar-evolutiva do personagem através do tempo – em sucessivas desencarnações e reencarnações, renascendo como pessoas diferentes em contextos diferentes (senador, escravo, padre etc.). Narrativa que exemplifica o princípio evolutivo e de causa-efeito, que, segundo a doutrina, se dá com qualquer espírito, quando colhemos no futuro de próximas vidas a resultante de todos os atos morais cometidos numa vida anterior. Já no segundo conjunto de romances, de cunho mais cosmológico, cujo paradigma é também o livro que inicia a série, *Nosso lar* (1943), descortina-se uma paisagem intensa e detalhista dos planos espirituais, até então inédita na cultura letrada espírita e muito "pouco explorada nas obras de Kardec" (STOLL, 2003, p. 105). Neste *plano espiritual* habitam os espíritos de acordo com seu grau de evolução. São eles: o Umbral, zona inferior do plano astral, situada perto da Terra, lugar de expiação e purificação visando patamares mais elevados; as Colônias ou Cidades Espirituais, regiões intermediárias entre a terra e os planos superiores, local de aprendizagem e evolução, assim como de *socorro espiritual* aos que se encontram no Umbral ou os encarnados na Terra. E, por fim, os planos superiores, onde habitam os espíritos evoluídos (STOLL, 2002, p. 116, nota 41).

A perspectiva histórica presente na sequência de romances que se inicia com *Há 2000 anos* (1939) e se estende até o quinto, *Ave Cristo!* (1954), indica uma apropriação espírita do Cristianismo como demonstração de sua lei da evolução espiritual, algo já praticado anteriormente em *O Evangelho segundo o Espiritismo*, mas de uma forma conceitual. O livro tem seu ponto de partida na ambiência da Roma imperial dos Césares. Lá, inicia-se a narrativa paradigmática desta visão espírita do Cristianismo sob a forma evolutiva-reencarnacionista, com o episódio do encontro do próprio Cristo com o senador romano Publius Lentulus. Neste encontro, o Nazareno lança uma questão ao livre-arbítrio de Lentulus, sobre a oportunidade de reabilitação de suas dívidas cármicas através do exercício da humildade: se ele assumia este desafio naquele momento ou a procrastinação deste enfrentamento levaria a sucessivas encarnações numa escala de milênios. Com a recusa do senador – que na verdade é a primeira encarnação noticiada do espírito superior Emmanuel – este prossegue sua saga de desencarnações e reencarnações através do tempo, retratado nos outros romances: *50 anos depois*, *Paulo e Estevão*, todos na Antiguidade, e *Renúncia*, o último da série, no século XV na França e Espanha (STOLL, 2003, p. 97).

Ainda numa perspectiva histórica, desta vez legitimando o Brasil como a escolha do *plano espiritual* para ser o *locus* da renovação no planeta, apresenta-se a obra *Brasil, coração do mundo, pátria do Evangelho* psicografada por Chico Xavier e ditada do além pelo espírito de Humberto de Campos sob a orientação de espíritos superiores. Obra que, para Aubrée e Laplantine, marca a transição do estilo de *fundamento teórico* que orientou Codificação kardequiana original para a *epopeia mítica* (2009, p. 291), quase uma *história sagrada* que influencia a literatura espírita no nosso país. Esta epopeia determinada pelo plano espiritual em relação ao Brasil, no entender de Aubrée e Laplantine, canoniza "o mito fundador do Espiritismo brasileiro contemporâneo: a brasilodisseia" (2009, p. 291).

Já a narrativa cosmológica de *Nosso lar*, das revelações sobre o plano espiritual, traz o relato do espírito de André Luiz no seu *post-mortem*, a sua trajetória pelo Umbral e, em seguida, na cidade espiritual que dá nome ao livro. A descrição deste lugar do mundo espiritual impressiona pela riqueza de detalhes: ruas, casas, escolas, edifícios, hospitais, museus, parques, lagos, "quase tudo cópia melhorada da terra" (XAVIER, 1974, p. 39, apud STOLL, 2003, p. 109). Segundo Stoll, uma representação do mundo do além que destaca a urbanidade (2003, p. 11), com meios de transporte: o aerobus, com uma vida laboral e remuneração salarial: os bônus-hora; com instituições, ministérios, departamentos, burocracia, que estabelecem relações com os planos inferiores, de ajuda e com os superiores, de aprendizado. Ou seja, segundo a autora, ao contrário das outras escatologias que enfatizam as descontinuidades entre mundo dos vivos e dos mortos, a visão espírita que emerge desta descrição do transcendente reafirma o princípio doutrinário da evolução, mas com a novidade do colorido de enredos e paisagens. Ou seja, uma de-sobrenaturalização do além como um espaço de natureza semelhante do nosso mundo, porém mais *sutil* e menos denso, mais elevado e evoluído (STOLL, 2003, p. 114-116).

Este ramo literário-mediúnico que a literatura mediúnica de Chico Xavier inaugurou, menos abstrato e mais imagético, teve continuidade no livro psicografado pelo espírita paulista Edgar Armond, *Os exilados de capela*, publicado em 1951, (LEWGOY, 2004, p. 114-115). E mais recentemente se encontra nos livros de Divaldo Pereira Franco pelo espírito de Joanna de Ângelis, de Vera Lúcia Marinzeck de Carvalho pelo espírito de Patrícia e por Zíbia Gasparetto, pelo espírito de Lucius.

Antecedeu este conjunto de obras mediúnicas de Chico Xavier em estilo de romance *histórico* e *cosmológico* um escrito anterior, o livro *Parnaso de além-túmulo*, que reuniu 56 poemas de 14 poetas portugueses e brasileiros, psicografados do *além*. Foram eles: Augusto dos Anjos, Casemiro de Abreu, Fagundes Varela, Castro Alves, Antero de Quental, Olavo Bilac etc. Na época, a publicação causou a maior celeuma entre os literatos sobre a autenticidade ou fraude da procedência das poesias. Na verdade, a intenção do *plano espiritual* com a publicação deste livro foi revelar as evidências da vida além da morte.

Segundo a escritora espírita Sueli Caldas Schubert, a obra psicografada de Chico Xavier cumpriria um plano dos espíritos superiores, segundo Emmanuel, *de aviso* com o livro *Parnaso além-túmulo*, *de chegada* da assistência espiritual com *Brasil, coração do mundo, pátria do Evangelho* e *de entendimento* com *Nosso lar*, ao concluir a revelação dos planos espirituais (SCHUBERT, 1996, p. 169, apud LEWGOY, 2004, p. 93).

Ainda no registro da extensa produção mediúnica de Chico Xavier, dois outros tipos aparecem. Um *científico*, psicografado em parceria com Waldo Vieira, hermético e de pouco alcance ao público espírita e em geral. E outro de caráter doutrinário, que remete

~ 98 ~

às formas convencionais do texto religioso, dos quais *O Consolador* é o mais emblemático: *textos curtos* que "servem à prática do 'Evangelho do lar' [...] podem ser abertos ao acaso, a exemplo dos salmos", visando a "inculcação de determinadas condutas disciplinares" (STOLL, 2003, p. 120). Por fim, uma última produção literária psicografada de Chico Xavier dizia respeito a mensagens dando notícias dos recém-falecidos a seus pais, filhos ou cônjuges e procurando os aliviar de "sentimentos de culpa ou revolta eventualmente existentes" (STOLL, 2003, p. 121). Também conhecida como *literatura de consolação* ou *correio do além*, um formato mais simples e coloquial contribuiu para sua divulgação, de forma a alcançar um grande público. Ainda assim, mantinha uma finalidade doutrinária, a de reafirmar a ideia da vida além da morte e defender a reeducação moral através do amor ao próximo dentro do conceito espírita de caridade.

Portanto, por todo o discorrido acima, a obra psicografada de Chico Xavier vai ganhar foros de texto canônico, de forma completiva e inovadora em relação à Codificação kardequiana.

Quinta lição

A organização institucional no Espiritismo

A organização institucional no Espiritismo, diferente da estrutura totalizante e hierárquico-ritual das Igrejas, obedece à configuração do modelo laico das agremiações literárias, acadêmicas, associativas etc. A unidade básica desta organização foi na gênese do movimento liderado por Allan Kardec, a Sociedade de Estudos Parisienses. Do ponto de vista organizacional, Kardec estruturou a *Sociedade* de Paris enquanto uma *sociedade anônima*, que se mantinha com anuidades pagas pelos associados, afora a taxa de inscrição contratada no ato de admissão do sócio. Da mesma forma, ele orientou fazer do regulamento da Sociedade de

Estudos Parisienses a norma para todas as demais. E também que esta instituição funcionasse como uma federação que nucleasse os Centros espalhados pelo território. A preocupação de Kardec, através desta moldura organizacional, era dotar o Espiritismo de uma unidade doutrinária[23], de modo a superar a fase das manifestações mediúnicas experimentais em prol da assunção dos seus princípios morais, com a consequente ação através das obras sociais. A disciplina regulamentar de cada uma das *Sociedades Espíritas* espalhadas pela França visava selecionar entre seus membros aqueles que não procuravam a prática espírita apenas por divertimento ou curiosidade. Afinal, Kardec, na sua identificação de como deveria ser um espírita, reconhecia neste alguém que não apenas se interessava por fenômenos mediúnicos, mas que compreendia e praticava a Doutrina (KARDEC, 1988, p. 28). Então, no que tange à organização do movimento, Kardec se volta para a formação doutrinária destes núcleos, visando eliminar aqueles elementos que lá estavam por distração e pelo mistério. Para ele, estas *sociedades de estudo* deveriam

---

23 O Espiritismo, desde os primeiros tempos, conviveu com interpretações distintas em torno dos seus princípios. Uma das obras a criar divergência no seio do movimento foi o livro do advogado de Bordéus, Jean Baptiste Roustaing, intitulado *Os quatro evangelhos*, publicado em 1866 em três volumes. Segundo Roustaing, teriam sido mensagens dos espíritos dos evangelistas sob a orientação dos apóstolos e de Moisés. Nele afirma-se as teses ousadas de que Jesus abdicara de um corpo material e possuía um corpo fluídico, logo a gravidez de Maria teria sido psicológica, fruto de sugestão de espíritos superiores (ROUSTAING, 1971).

funcionar como autênticas escolas para o aprendizado da moral evolutiva da doutrina e para a prática da caridade. Enfim, como modelo organizacional, a Sociedade de Estudos Parisienses funcionava como uma instância para empreender a observação sistemática dos fenômenos mediúnicos, o aperfeiçoamento moral dos frequentadores pelas mensagens espirituais e o estudo da Doutrina.

No Brasil, o Espiritismo mantém e consolida o padrão institucional inaugurado por Kardec e praticado na França e nos países para onde se espraiou, dentro do que Aubrée e Laplantine chamaram de uma *cultura espírita* (2009, p. 118).

O Centro Espírita é a unidade elementar de uma totalidade chamada de Movimento Espírita. O Centro, também chamado de *casa espírita*, é o lugar por excelência da prática da Doutrina Espírita. Um Centro se mantém através de contribuições voluntárias e de campanhas financeiras.

No início do movimento no Brasil, as práticas das sessões mediúnicas eram realizadas nas casas dos seus membros, mas com a crescente institucionalização foi deslocada para os Centros. Nos lares de adeptos, o que é estimulado pelo movimento institucional é *culto do evangelho no lar*, que se compõe de uma prece, leitura e estudo de um trecho do *Evangelho segundo o Espiritismo* (CAVALCANTI, 1983, p. 51).

Em geral, um Centro Espírita é formado por uma diretoria, um conselho fiscal e consultivo, uma tesouraria, uma secretaria geral e os membros. Estes ocupam tarefas de administração e são aqueles que compõem as comissões para realização das tarefas. A estrutura do Centro em geral se organiza em departamentos: de organização doutrinária, orientação mediúnica, serviços assistenciais, divulgação e *mocidade*[24]. Figuram entre seu corpo de destaque os médiuns responsáveis pelo trabalho espiritual.

Acorrem aos Centros de forma assídua seus membros, também chamados de *cooperadores*, mas também qualquer pessoa em situação de aflição e busca de conforto espiritual ou com problemas de saúde, classificados como *frequentadores*. Dentre as atividades realizadas em um Centro, destacam-se as *reuniões públicas* que atendem os cooperadores e o público em geral. Estas em geral são de estudo e palestras sobre a obra da Codificação espírita e de ministração de *passes*. Visando um público mais reduzido, atendido em atividades mais discretas, estão as *sessões de desobsessão*, conduzidas por médiuns experientes que intervêm no assédio que espíritos inferiores fazem nos indivíduos causando ne-

---

24 Embora seja praxe nos Centros Espíritas existirem sessões e atividades destinadas à juventude, alcunhada de *mocidade*, Sinuê Miguel registra que nos anos de 1960 se formou um movimento universitário espírita, autônomo, progressista e ligado às ideias de liberdade difundidas na época. O autor aponta também que essa corrente de juventude foi pressionada e sufocada pelo *establishment* da hierarquia espírita (2014).

les distúrbios. Também para um contingente mais seleto os Centros oferecem os *treinamentos de mediunidade* para o desenvolvimento desta faculdade entre aqueles que assumirão a condição de médiuns, dentro do serviço espiritual. Os Centros também possuem uma área de *assistência social* para a prática da caridade, central na doutrina. Estas podem ir desde a organização de bazares de caridade, distribuição de refeições, alimentos, roupas, até a gerência mais institucional de *obras filantrópicas*, como orfanatos, asilos, creches, escolas e ambulatórios (GIUMBELLI, 1995, p. 13).

O conjunto dos Centros, obras sociais, editoras atende pelo nome de Movimento Espírita. Ele se expressa institucionalmente em Uniões Municipais, Federações Estaduais e a Federação Nacional, embora comporte também institutos culturais, associações de classe, como de militares, movimentos de juventude e Associações de Jornalistas, como a de São Paulo, que contribuiu para projetar o Espiritismo nas camadas letradas. Como viu-se no item sobre a expansão do Espiritismo no Brasil, a Federação Espírita Brasileira (FEB) é a entidade maior do movimento em nível nacional, sediada em Brasília, que nucleia 27 Federações ou Uniões Estaduais. Dentre as atividades de FEB estão a publicação do periódico mensal *Reformador*, de conteúdo doutrinário e informativo, e a produção de apostilas de orientação doutrinária, ambas enviadas aos Centros Espíritas filiados em todo o país. Também a propriedade de uma editora no Rio de Janeiro que, de longa data, ao longo da história do movimento, imprime seu selo na publicação de obras espíritas da Codificação, obras nacionais, romances espíritas etc. (GIUMBELLI, 1995, p. 14).

Apesar da capacidade de abrangência das Federações estaduais e da Federação Espírita Brasileira (FEB), muitos Centros ao longo do país não são filiados a estas. Muito embora estes Centros possuam registro legal civil e público, decidiram não se filiar a nenhuma entidade federativa. Fato este que pode ser explicado pela noção de *livre-arbítrio* tão caro ao Movimento Espírita, responsável pela liberdade que cada indivíduo ou núcleo tem de se posicionar doutrinariamente e em termos de pertença institucional. Vale registrar que também do lado das entidades federativas não existe nenhuma obrigatoriedade para a filiação dos Centros a elas, pelo menos de uma forma explícita. A relação entre os Centros e as Federações se encontra baseada no lema da *unificação sem uniformização* defendido dentro do movimento. Ainda é importante frisar que este princípio de autonomia faz com que a maior Federação Espírita regional, a de São Paulo, não seja filiada à FEB, que no Rio de Janeiro existam duas federações: a União das Sociedades Espíritas do Estado do Rio de Janeiro, a USEERJ e a Federação Espírita do Estado do Rio de Janeiro, a FEERJ (GIUMBELLI, 1995, p. 15-16).

Também em São Paulo, Procópio Camargo registra, à época de sua pesquisa, a existência de quatro órgãos federativos: "a Sinagoga Espírita, a União Espírita Federativa, a Liga Espírita e a Federação Espírita de São Paulo" (1961, p. 27).

Sexta lição

Ritual no Espiritismo

Maria Laura Viveiros de Castro Cavalcanti buscou perscrutar, à maneira antropológica, um *sistema ritual* no Espiritismo no seu trabalho de pesquisa em um Centro Espírita do Rio de Janeiro (1983). No entanto, logo de início ela se deparou com um quadro neste Centro, produzido pela Federação Estadual Espírita, em que se lia que "a prática espírita não tem ritual, símbolos, nem fórmulas especiais" (1980, p. 50). Na verdade, a Doutrina Espírita diz rejeitar *cerimoniais e prescrições de adoração* presentes nas práticas das religiões em geral, por considerá-los, de acordo com Kardec, gestos inócuos em relação ao objetivo central da Doutrina, que é produzir nos indivíduos uma reforma moral. Para o

Codificador, o Espiritismo era uma filosofia espiritualista que se distanciava do paradigma das religiões, pois "para ele o conceito de religião era inseparável do de culto" (DAMAZIO, 1995, p. 48)[25].

Aubrée e Laplantine, ao caracterizarem o Espiritismo, afirmam que este "não tem clero, templo [...] qualquer sacramento", o que faz dele, um "movimento social não confessional". E quando assume uma feição religiosa será na condição de uma *religião laica* (2009, p. 71). Contudo estes autores, ao comentarem a ausência de ritual no Espiritismo, fazem a ressalva "pelo menos aparentemente" (2009, p. 71). Talvez por serem antropólogos eles relativizam esta peremptória autoproclamada inexistência, pois se pensarmos a ação ritual dentro da perspectiva antropológica, como atos que produzem sentido e constroem através destas representações a identidade dos indivíduos, é evidente perceber uma ritualística no Movimento Espírita.

A também antropóloga Maria Laura Cavalcanti considera – de acordo com um dos ícones da antro-

---

25 "'O Espiritismo não é uma religião', como afirma Kardec, na medida em que toda prática religiosa implica um sistema cultual, ritual e sacerdotal sobre o qual se erige. Para ele 'o Espiritismo é uma doutrina filosófica com consequências religiosas'" (AUBRÉE; LAPLANTINE, 2009, p. 71-72). "Embora Kardec considere os elementos essenciais de toda religião – a existência de Deus, a imortalidade da alma [...] para ele o Espiritismo não deve ser confundido com uma nova religião [...] a doutrina dos espíritos contribui com a humanidade ao retirar desta o seu caráter supersticioso e obscurantista [...] chega a prever que o Espiritismo passaria por um *período religioso* [...] admitirá que o Espiritismo seja *uma religião, mas apensas uma religião em sentido filosófico*" (ARAÚJO, 2016, p. 77).

pologia, Marcel Mauss – que ritual é o mecanismo que coloca em relação dimensões do sagrado e do profano e que faz a comunicação entre estes. Para ela, são estes atos criadores de significados que moldam a identidade do indivíduo no sentido moral (1983, p. 51). Neste sentido, para a autora, as práticas no Espiritismo são também rituais, pois através destas se dá a comunicação entre mundo espiritual e mundo terreno, buscando o aperfeiçoamento do indivíduo. Desta maneira, ela propõe enquanto *sistema ritual* deste Espiritismo que ela observa, a tríade "mediunidade, caridade e estudo" (1983, p. 62-77).

Aqui seria importante chamar atenção que, para os espíritas, o que pode ser visto como ritual tem caráter funcional. Por exemplo, o procedimento do *passe* que mobiliza vibrações de quem os emite, que por sua vez se projetam sobre os fluidos e os fazem atuar no corpo e no perispírito dos indivíduos com consequências orgânicas e morais benéficas. No entanto, tudo isso envolve um gestual padronizado, uma postura corporal correta, ambientes específicos para estas práticas e uma *eficácia simbólica* como resultado destes expedientes, características de um ritual.

Cavalcanti, no Centro em que pesquisou, descreve na chave do ritual sessões de irradiação de vibrações fluídicas positivas, de desenvolvimento mediúnico e de aplicação dos passes, tanto em reuniões públicas quanto nos atendimentos.

As sessões de irradiação se passam em aposentos reservados, onde em uma mesa se posicionam os dirigentes deste trabalho espiritual e em frente a eles os médiuns sentados. Apagam-se as luzes e são acessas lâmpadas azuis. Por orientação dos dirigentes, um médium profere uma prece, são cantadas músicas do cancioneiro espírita[26]. Emulados pela peroração de um dos dirigentes que evoca os necessitados: pobres, doentes, órfãos, velhos etc., todos alvos destas vibrações de bons fluidos, os médiuns exercitam o envio destes fluidos para todo esse conjunto de sofredores. Ao final da sessão recebem uma mensagem do *plano espiritual*, passes individuais e ingerem a água fluidificada.

As sessões de desenvolvimento mediúnico são geralmente dirigidas pelo médium mais importante do Centro, muitas vezes seu presidente. Estas se passam em torno de uma grande mesa, onde à cabeceira senta-se o/a dirigente e ao longo da mesa os demais médiuns. Em cada lugar na mesa há papel e lápis e no centro desta um copo cheio de lápis e uma pilha de papel em branco. Mais afastados, médiuns iniciantes fazem a *sustentação do ambiente* na *manutenção do teor vibratório do recinto* através da *emissão de pensamentos de paz e amor*. Há momentos distintos na sessão: um

---

26 Ainda está para ser feita uma pesquisa sobre um conjunto de músicas que são entoadas nas sessões nos Centros Espíritas. Por experiência de observação, constato que uma das mais presentes é *Quanta luz*. Mais recentemente a dupla Tim e Vanessa tem feito sucesso com músicas como: *Aos pés do monte*, *Médiuns*, *Assim seja*, muitas no CD Cântaro.

primeiro de *psicografia* e um segundo de *psicofonia*. Antecedendo ambos, pode ocorrer uma prece por parte do/a dirigente. No primeiro, os médiuns permanecem sentados com o lápis na mão pousada sobre o papel. Em seguida ouvem-se alterações no ritmo respiratório, a mão começa a movimentar-se e se escuta o ruído do lápis deslizando no papel. Ao longo da sessão os *médiuns de sustentação* circulam em volta dos que estão psicografando dando-lhes *passes*. Após uns 15 minutos, na sessão observada, a dirigente diz para encerrarem a atividade. Os médiuns soltam os lápis, pousam as mãos na mesa e passam à desincorporação. Em seguida, as luzes são acesas e as mensagens são lidas e discutidas. Há tipos distintos de mensagens, tanto as de espíritos superiores com orientações e ensinamentos quanto as de espíritos em estado evolutivo semelhante ao dos médiuns e membros do Centro, com mensagens sobre sua experiência no *plano espiritual*. Há espíritos de desencarnados que foram membros do Centro e que querem manter ainda o relacionamento.

Quanto ao segundo momento, o da *psicofonia*, os médiuns iniciam simultaneamente a incorporação *dando passividade* aos espíritos que querem manifestar-se. Após um início marcado por um certo alvoroço – pois no estágio inicial da incorporação há reação nos médiuns de movimentos bruscos com a cabeça, gemidos, tremores e até choro, tudo de forma simultânea nos vários médiuns – a ordem se restabelece pela iniciativa da médium dirigente que funciona como a figura do *doutrinador*. O doutrinador sustenta a incorporação pelo médium com vibrações e passes, exorta o médium a não temer a presença do espírito e o ajuda depois na desincorporação. Mas atua principalmente na conversa com o espírito incorporado: o faz contar suas aflições, ressentimentos e sofrimentos, esclarece-o sobre seu processo evolutivo e suas dívidas cármicas e o orienta segundo os princípios da Doutrina, para em seguida liberá-lo de volta ao plano espiritual. Ao final da sessão, a dirigente solicita que os médiuns desincorporem, faz uma prece e um agradecimento aos espíritos protetores da sessão. As luzes são acesas e os médiuns ingerem a água com o fluido que estes espíritos superiores depositaram no líquido durante a sessão (CAVALCANTI, 1983, p. 112-116).

Para aplicação dos passes, o Centro é o lugar mais apropriado pela sua condição de espaço mais elevado e propício para melhores condições de trocas fluídicas do médium que aplica os passes, doando os fluidos enviados pelos espíritos de luz e dele próprio às pessoas que os recebem. O passe segue um padrão tanto para quem o aplica quanto para quem o recebe. O médium aplicador posiciona seus braços em torno do corpo do paciente, movimentando-os, fechando e abrindo as mãos para recolher fluidos negativos e repor fluidos positivos. Como norma, o toque no corpo do paciente é evitado, para não quebrar a concentração e promover desequilíbrios, assim como qualquer suspeita de assédio. O receptor fica sentado com os olhos fechados, as pernas sem serem cruzadas para facilitar a circulação dos fluidos e com as mãos pousadas nas pernas com a palma para cima, para captar boas energias.

Um dos rituais especiais na prática de um Centro é o da desobsessão. Aquele que Cavalcanti observou foi praticado em um ambiente muito reservado e levado a cabo por médiuns experientes e pelos dirigentes médiuns do Centro (CAVALCANTI, 1983, p. 123). O ritual de desobsessão tem por finalidade a incorporação, nos médiuns do Centro, de espíritos inferiores que atormentam indivíduos, causando-lhes um desequilíbrio mental. Atraídos e incorporados, estes obsessores são objeto de doutrinação pelos médiuns e espíritos superiores promotores da sessão.

A realização da desobsessão é uma prova da superioridade e autoridade moral dos espíritos superiores, dos médiuns e dos doutrinadores por sobre estes espíritos sofredores e ligados à matéria: *suicidas, homicidas, malfeitores galhofeiros*, que perseguem os encarnados se apoderando de seu pensamento e vontade. Os *espíritos superiores* que presidem a sessão designam *espíritos obsessores* para serem atendidos. Os médiuns que os acolhem não devem deixar-se envolver pelas suas vibrações negativas. Ao contrário, devem emitir vibrações de amor e paz para estes. A sessão adquire um aspecto dramático, pois os espíritos incorporam-se com uma atitude agressiva e arrogante. Recusam-se ao diálogo e dizem querer ir embora. A dirigente-doutrinadora exorta os médiuns a fixar o pensamento em Jesus e entabula uma prece. Os espíritos inferiores manifestam-se com ironia: "isso virou confessionário, cadê o padre?" (CAVALCANTI, 1983, p. 126). Com atitude firme a doutrinadora, conclama os espíritos obsessores a olharem para trás, para seus erros e terem uma atitude de superação para com eles.

Donald Warren, no seu estudo histórico sobre o tratamento espiritual da desobsessão desenvolvido por Bezerra de Menezes no final do século XIX, ressalta que este era feito em local distante daquele onde estava o obsidiado, ou seja, que a incorporação e o tratamento se davam apenas no espírito obsessor. Além disso, o doutrinador, no caso o engenheiro médium João Batista Maia de Lacerda, atuava incorporado por um espírito superior e era este quem fazia a doutrinação, impondo sua condição moral superior ao espírito obsessor (WARREN, 1984, p. 65-68).

Retornando ao caso da sessão de desobsessão narrada por Cavalcanti, a doutrinadora explica a um espírito obsessor em quem concentra sua doutrinação que todos os médiuns que estão na sessão já passaram por momentos de erros e de reconhecimento destes. Aos poucos, os espíritos obsessores aceitam as verdades da preleção, alguns emocionam-se, envergonham-se, aceitam fazer uma prece e se comprometem a abandonar o assédio ao indivíduo encarnado que ele estava obsidiando. Os espíritos superiores zelam pela retirada desses espíritos da sessão e pelo seu acompanhamento no plano espiritual, ainda que estes estejam nas faixas mais baixas do Umbral. A sessão se encerra com uma prece de agradecimento a Jesus e aos benfeitores espirituais. Todos os médiuns tomam passes e ingerem água fluidificada. As luzes são acesas e os médiuns e dirigentes passam a comentar, dentro dos princípios espíritas, o significado do que ocorreu na sessão (CAVALCANTI, 1983, p. 123-131).

O sociólogo Cândido Procópio Camargo, pioneiro das abordagens acadêmicas sobre o Espiritismo no Brasil, foi outro que se referiu às sessões nos Centros Espíritas de São Paulo que descreveu, dentro da chave do *ritual* e *feitio litúrgico* (CAMARGO, 1973, p. 167). No relato de Camargo, o ritual de uma *sessão espírita* dispõe uma assistência diante de uma mesa onde se encontram os dirigentes e médiuns de um Centro. Inicialmente, o/a dirigente abre a sessão pedindo orientação aos espíritos mentores e em seguida lê um trecho do *Evangelho segundo o Espiritismo* ou alguma mensagem psicografada relacionada a esta sessão. Ao fundo está tocando uma música suave, de preferência a *Ave-Maria* de Gounod (CAMARGO, 1961, p. 18). Em seguida, faz-se a prece do *Pai-nosso*. Concluída a oração em um ambiente de penumbra, dá-se início à *sessão de vibração*, onde o/a dirigente exorta a audiência a elevar o pensamento em vibrações de bons fluidos na intenção dos necessitados. Primeiramente para aqueles cujos nomes foram deixados no Centro em pedaços de papel, seguido de "todos os que precisam [...] doentes nos hospitais, os presos, os descrentes e os espíritos sofredores, especialmente os suicidas" (1961, p. 20). Passa-se então a etapa da *incorporação*, quando o/a dirigente solicita a permissão do Divino Mestre para a manifestação dos espíritos. No recinto, o silêncio é total, interrompido por suspiros e gemidos que indicam que um espírito está incorporando em um ou em vários médiuns. Na sessão há manifestações, pela ordem, de *espíritos de luz* e *espíritos sofredores*. Entre os primeiros desponta o mentor do Centro. Ele e outros *espíritos de luz* aconselham e orientam de modo suave e direto aos presentes, sobre problemas de saúde, familiares etc. No caso dos *espíritos sofredores*, segundo a cultura espírita, ainda presos à matéria, apresentam-se revoltados, céticos e irônicos. Nesse momento, o/a dirigente intervém no sentido de esclarecer este espírito na direção da correta moral. Como resultante da doutrinação do/a Dirigente, entre os *espíritos sofredores*: "os revoltados se acalmam, os céticos se confundem e a arrogância

~ 118 ~

das primeiras palavras é substituída por atitude de humildade e compreensão" (1961, p. 21). Depois de atendidos, estes espíritos retornam ao *plano espiritual*. Por fim, há a sessão dos *passes fluídicos* feitos através dos médiuns incorporados pelos *espíritos esclarecidos* com uma aposição de mãos próxima à cabeça, ombros e membros superiores dos indivíduos da audiência. Neste gesto do *passe* é mobilizado o fluido universal para a ajuda de problemas físicos, psíquicos ou morais. Frequentemente o espírito *guia* do Centro se pronuncia no final, esclarecendo o que se passou na sessão realizada e aconselhando a todos leituras e uma conduta na vida cotidiana, no intervalo entre as sessões. "Uma prece final de agradecimento põe fim à sessão" (CAMARGO, 1961, p. 22).

Podemos também perceber nos Centros Espíritas um certo *calendário litúrgico* ou *ciclo ritual*, que tem como unidade básica a semana. As sessões são oferecidas semanalmente e em alguns Centros em dois turnos. Os Centros em geral dispõem de um certo número e tipo de sessões – de estudo, de atendimento fraterno, de desenvolvimento mediúnico, de irradiação, de desobsessão –, embora nem todos os Centros disponibilizem todo o conjunto destas atividades. Estas sessões-padrão transcorrem sucessivamente, sendo entrecortadas por comemorações em datas especiais na forma de conferências, como as que celebram a publicação de *O livro dos Espíritos*, o aniversário de Allan Kardec, o desencarne de outros espíritas de referência, como Bezerra de Menezes etc. Também se comemora o Natal, com a organização de bazares de caridade e distribuição de doações aos pobres.

Importante também registrar a tensão no seio de adeptos do Espiritismo, entre um ímpeto ritualístico e orientação laica do Espiritismo oficial que se passa no túmulo de Kardec no Cemitério Père-Lachaise. Embora com a advertência inscrita numa placa inserida pela União Espírita Francesa e Francófona em 1989 no túmulo, "para não realizarem pedidos ou rituais religiosos, ou imposição de mãos" tocando a pedra tumular, o lugar é transformado em "um santuário de peregrinação diária de um Espiritismo popular, de brasileiros espíritas em visita a Paris [...] em busca de 'energia' do lugar" (LEWGOY, 2008, p. 97).

Por fim, como vimos neste capítulo e ainda veremos no seguinte sobre os ambientes nos Centros Espíritas, tudo o que se pode associar ao ritual e às instâncias sagradas, no Espiritismo é justificado por seus adeptos como atos e espaços movidos por uma funcionalidade com objetivos bem delimitados de promover a influência benéfica do meio espiritual para com o material.

Sétima lição

Ambiência dos Centros Espíritas e seus símbolos

Parece-me que Kardec quis imprimir ao ambiente no qual deveria transcorrer as práticas da Doutrina que fundara uma feição de acordo com as orientações espirituais e os princípios desta, despojado de ritos e símbolos e funcional para seus objetivos. A sede da Sociedade Parisiense de Estudos Espíritas, na opinião de dois visitantes estrangeiros, "é uma sala de conselho de administração, com sua mesa comprida, bloco de papel, lápis, tapete", nada que lhes lembrassem "a parafernália maçônica e nem corujas de feiticeira" (AUBRÉE; LAPLANTINE, 2009, p. 47).

O Espiritismo já instalado no Brasil causa semelhante impressão no jornalista João do Rio, que em 1904, ao visitar uma *sessão de estudos* na Federação Espírita Brasileira, constata o aspecto secular do ambiente, como numa sessão "na Câmara dos Deputados [...] edifício menos misterioso do que qualquer clube político" (RIO, 2008, p. 267-282). Giumbelli, nos anos de 1990, ao analisar a estrutura do *Centro Espírita*, atesta que "trata-se de um prédio, que pouco se diferencia de outros a seu redor" (1995, p. 13). A sobriedade do ambiente parece ser um traço comum no registro de observadores externos: do jornalista João do Rio que, no início do século XX, registra o caráter "simples [...] sem espalhafato" do recinto (2008, p. 278), a antropóloga Maria Laura Cavalcanti, que nos anos de 1980 remarca o mobiliário simples, cadeiras, mesas com copos d'água para serem fluidificados, quadro-negro, vitrola e uma caixa de madeira com duas entradas sinalizadas por inscrição *encarnados* e *desencarnados* para colocação de pedaços de papel com nomes de parentes, amigos necessitados de ajuda espiritual (CAVALCANTI, 1983, p. 54). Tudo parece obedecer a uma funcionalidade técnica, mesmo quando se trata do contato com o espiritual. Aubrée e Laplantine registram nos primeiros experimentos de Kardec a valorização de *objetos* – como as cestas *oui já* equipadas com rodinhas e um lápis – que têm como finalidade funcionar como "receptáculos utilizados para registrar as comunicações com os espíritos" (2009, p. 55).

Os aposentos do Centro, em geral, são repartidos segundo finalidades administrativas, assistenciais e espirituais, tendo invariavelmente um auditório para palestras/estudos. As cores claras usuais nas paredes dos Centros (azul, verde) são justificadas para a não atração de *espíritos inferiores* com afinidade à escuridão e à sombra, a cor clara também serve para pacificar o ambiente. Nas paredes do Centro "há dois ou mais pontos de luz com pequenas lâmpadas azuis", pois, segundo os espíritas, com uma luz normal os fluidos, veículos da comunicação espiritual, se dispersam ou queimam (CAVALCANTI, 1983, p. 54). Numa referência à ênfase mais religiosa do Espiritismo brasileiro, os antropólogos Giumbelli e Cavalcanti descrevem as paredes dos Centros ornamentadas por "dizeres, figuras e, mais raramente por imagens santas" (GIUMBELLI, 1995, p. 13), como também por "dois discretos quadros, um de Jesus [...] e outro de [Santa] Teresa" (CAVALCANTI, 1983, p. 54).

Diante da *função terapêutica* (CAMARGO, 1973, p. 176-179), que os Centros Espíritas também desempenham, pode-se depreender um outro estilo nos seus ambientes que os tornam mais semelhantes às clínicas e aos hospitais. Aparência que os espíritas não recusam e até assumem, desde que se lhes aponha o complemento *espiritual*. Damazio, na sua apresentação do *serviço de assistência* da Federação Espírita nos anos de 1900, retrata "a sala de entrega dos receituários [...] o salão de espera dos consultantes e os consultórios" (1994, p. 128). Numa outra descrição etnográfica contemporânea, o Centro é apresentado como uma "uma instituição que presta serviços terapêuticos a frequentadores e clientes ocasionais". Nele "o cliente que dá entrada [...] preenche uma ficha, descrevendo seus sintomas". E as características do ambiente deixam transparecer o modelo construído "em um conjunto de imagens tiradas do domínio da prática biomédica", como exemplos: "a burocracia das fichas, prontuários, agendas com horários e tipos de terapias a serem seguidos", bem como "as salas com macas, cheiro de éter etc." (RABELO; MOTTA; NUNES, 2002, p. 108-113).

A semelhança da instituição espírita seja com uma repartição pública, como um salão de uma agremiação política ou ainda com uma clínica médica, se situa na razão inversa de sua aparência com um templo religioso. Pelo fato do Espiritismo se pretender prescindir da ritualização religiosa das cerimônias e sacramentos, deriva-se daí que a sua estética assuma uma feição funcional e laica.

Por fim, vale o registro de um fato realmente intrigante para uma Doutrina que sempre quis se apresentar dentro de uma configuração civil e laica. Refiro-me à construção do túmulo de Kardec como um monumento grandioso na forma de um dólmen druídico, que contrastou com o caráter civil do seu féretro e sepultamento, sem nenhum símbolo religioso. Túmulo erigido a despeito de não haver em toda a obra de Kardec nenhum registro de desejo seu de ter uma sepultura com estas características revestidas de suntuosidade e simbolismo (ARAÚJO, 2016, p. 46, nota 52).

Bibliografia

ARAÚJO, Augusto. *Espiritismo: esta loucura do século XIX*. São Paulo: Fonte Editorial, 2016.

ARRIBAS, Célia da Graça. *Afinal Espiritismo é religião? A doutrina espírita da diversidade religiosa brasileira*. São Paulo: Alameda, 2010.

AUBRÈE, Marion; LAPLANTINE, François. *A mesa, o livro e os Espíritos: gênese e evolução do movimento social espírita entre França e Brasil*. Maceió: EdUFAL, 2009.

BASTIDE, Roger. Le spiritisme au Brésil. *Archives de Sociologie des Religions*, 24, 1967, p. 3-16.

BENEDETTI, Luís Roberto. *Os santos nômades e o deus estabelecido: um estudo sobre religião e sociedade*. São Paulo: Paulinas, 1986.

CAMARGO, Cândido Procópio. *Católicos, protestantes e espíritas*. Petrópolis: Vozes, 1973.

CAMARGO, Cândido Procópio. *Kardecismo e Umbanda*. São Paulo: Pioneira, 1961.

CAMURÇA, Marcelo Ayres. Dimensões mitológicas da narrativa e cosmologia espírita. In: SAMPAIO, Dilaine S.; SILVEIRA, Emerson Sena (orgs.). *Narrativas míticas nas religiões e espiritualidades*. Petrópolis: Vozes, 2018, p. 138-160.

CAMURÇA, Marcelo Ayres. O Brasil religioso que emerge do Censo de 2010: consolidações, tendências e perplexidades. In: TEIXEIRA, Faustino; MENEZES, Renata (orgs.). *Religiões em movimento: o Censo de 2010*. Petrópolis: Vozes, 2013, p. 63-87.

CAMURÇA, Marcelo Ayres. Fora da caridade não há religião! Breve história da competição religiosa entre Catolicismo e Espiritismo kardecista e de suas obras sociais na cidade de Juiz de Fora – 1900-1960. *Lócus: Revista de História*, 2001, p. 131-154.

CAMURÇA, Marcelo A. "Le Livre des Esprits" na Manchester Mineira: a modernidade do Espiritismo face ao conservadorismo católico nas primeiras décadas do século em Juiz de Fora. *Rhema: revista de filosofia e teologia do Instituto Teológico Arquidiocesano Santo Antônio*, vol. 4, n. 16, 1998, p. 191-223.

CAMURÇA, Marcelo Ayres; AMARO, Jacqueline; PEREIRA NETO, André de Faria. O "Espiritismo racional e científico cristão" de Luiz Mattos dos anos 1910-1920 no Brasil: uma facção "científica" belicosa obscurecida pela hegemonia "religiosa" da Federação Espírita Brasileira. In: SOUZA, André Ricardo de; SIMÕES, Pedro;

TONIOL, Rodrigo (orgs.). *Espiritualidade e Espiritismo: reflexões para além da religiosidade*. São Paulo: Porto de Ideias, 2017, p. 13-53.

CAVALCANTI, Maria Laura Viveiros de Castro. A cosmologia espírita. *O mundo invisível: cosmologia, sistema ritual e noção de pessoa no Espiritismo*. Rio de Janeiro: Zahar, 1983.

CASTRO, Nilson G. Fatos históricos. *O semeador*, ago./1986.

DAMAZIO, Sylvia. *Da elite ao povo. Advento e expansão do Espiritismo no Rio de Janeiro*. Rio de Janeiro: Bertrand Brasil, 1994.

D'ANDREA, Atnhony Albert Ficher. *O self perfeito e a nova era: individualismo e reflexividade em religiosidades pós-tradicionais*. São Paulo: Loyola, 2000.

DENIS, Leon. *O Espiritismo e o clero católico*. Rio de Janeiro: Celd, 1991 [1. ed., 1923).

DOYLE, Arthur Conan. *A história do espiritualismo: de Swedenborg ao início do século XX*. Brasília: FEB, 2013.

DOYLE, Arthur Conan. *História do Espiritismo*. São Paulo: Pensamento, 2007.

GIUMBELLI, Emerson. *O cuidado dos mortos. Uma história da condenação e legitimação do Espiritismo*. Rio de Janeiro: Arquivo Nacional, 1997, p. 60-79.

GIUMBELLI, Emerson. *Em nome da caridade: assistência social e religião nas instituições espíritas*. Vol. I.

Rio de Janeiro: Núcleo de Pesquisas do Iser, 1995, p. 9-17.

GOMES, Adriana; CUNHA, André Victor; PIMENTEL, Marcelo Gulão. *Espiritismo em perspectiva*. Salvador: Sagga, 2019.

INSTITUTO Brasileiro de Geografia e Estatística (IBGE). *Censo Demográfico 2010. Características gerais da população, religião e pessoas com deficiência*. Rio de Janeiro: IBGE, 2012, p. 89-105.

ISTO É. Chico Xavier superstar, 26/01/2016.

KARDEC, Allan. *O livro dos espíritos. Contém os princípios da Doutrina Espírita*. Edição histórica bilíngue da 1ª edição de 1857. Brasília: FEB, 2013.

KARDEC, Allan. *A gênese, os milagres e as predições segundo o Espiritismo*. Rio de Janeiro: FEB, 2009.

KARDEC, Allan. *O céu e o inferno*. São Paulo: Lake, 1995a.

KARDEC, Allan. *Instrução prática sobre as manifestações espíritas*. São Paulo: Pensamento, 1995b.

KARDEC, Allan. *O que é o Espiritismo*. Rio de Janeiro: FEB, 1988.

KARDEC, Allan. *O livro dos médiuns. Ou guia dos médiuns e evocadores*. São Paulo: Lake, 1981.

KLOPPENBURG, Boaventura. *O Espiritismo no Brasil. Orientações para os católicos*. Petrópolis: Vozes, 1964.

KLOPPENBURG, Boaventura. Contra a heresia espírita. *Revista Eclesiástica Brasileira (REB)*, vol. 12, fasc. I, 1952.

LEWGOY, Bernardo. A transnacionalização do Espiritismo Kardecista Brasileiro: uma discussão inicial. *Religião e Sociedade*, 28/1, 2008, p. 84-104.

LEWGOY, Bernardo. *O grande mediador: Chico Xavier e a cultura brasileira*. Bauru: Edusc, 2004.

LEWGOY, Bernardo. A antropologia pós-moderna e a produção literária espírita. *Horizontes Antropológicos*, 1998, p. 87-113.

LIMA, Ronei. *Os médicos do espaço: Luiz de Rocha Lima e o Lar de Frei Luiz*. Rio de Janeiro: Mauad, 2006.

MIGUEL, Sinuê Neckel. *Movimento Universitário Espírita: religião e política no Espiritismo brasileiro (1967-1974)*. São Paulo: Alameda, 2014.

MOREIL, André. *Vida e obra de Allan Kardec*. São Paulo: Edicel, 1986.

PASTORAL Collectiva dos bispos da Provincia Eclesiastica Meridional do Brasil. Rio de Janeiro, Typographia Leunzer – realizada no Santuário de Aparecida, São Paulo, 1-7 de setembro de 1904.

ORTIZ, Renato. *A morte branca do feiticeiro negro*. São Paulo: Brasiliense, 1999.

RABELO, Miriam C.M.; MOTTA, Sueli R.; NUNES, Juliana R. Comparando experiências de aflição e tratamento no Candomblé, Pentecostalismo e Espiritismo. *Religião e Sociedade*, 22/1, 2002, p. 93-121.

RIO, João do. *As religiões no Rio*. Rio de Janeiro: José Olympio, 2008.

ROUSTAING, Jean Baptiste. *Os quatro evangelhos: revelação da revelação*. Rio de Janeiro: FEB, 1971.

SAUSSE, Henri. *Biografia de Allan Kardec*. Rio de Janeiro: FEB, 2012.

SIMÕES, Pedro; SOUZA, André Ricardo. *Dimensões identitárias e assistenciais do Espiritismo*. Curitiba: Appris, 2020.

SOARES, Luís Eduardo. O autor e seu duplo: a psicografia e as proezas do simulacro. *Religião e Sociedade*, 4, 1979, p. 121-140.

SOUTO MAIOR, Mário. *Kardec: a biografia*. São Paulo: Record, 2013.

STOLL, Sandra Jacqueline. *Espiritismo à brasileira*. São Paulo: EdUSP, 2003

TADEI, Dom Fernando. Carta Pastoral de D. Fernando Tadei. Bispo de Jacarezinho. São Paulo, 1931.

VAN ROSSUM, Rogier. Reencarnação dentro do contexto do Espiritismo e da Umbanda. *Revista Concilium*, n. 249. Petrópolis: Vozes, 1992, p. 68 [728]-80 [740].

WANTUIL, Zeus; THIESEN, Francisco. *Allan Kardec. Meticulosa pesquisa bibliográfica*. 3 vol. Rio de Janeiro: FEB, 1979.

WARREN, Donald. A terapia espírita no Rio de Janeiro por volta de 1900. *Religião e Sociedade*, 11/3, 1984, p. 56-83.

WEBER, Max. *Economia e sociedade*. Vol. 1. Brasília: Editora Universidade de Brasília, 1991.

XAVIER, Francisco Cândido (pelo espírito Emmanuel). *O consolador*. Rio de Janeiro: FEB, 2009.

XAVIER, Francisco Cândido (pelo espírito de Humberto de Campos). *Brasil, coração do mundo, pátria do evangelho*. Rio de Janeiro: Federação Espírita Brasileira, (1938) 2002.

Coleção Religiões em Sete Lições

– *Budismo em sete lições*
Clodomir B. de Andrade

– *Espiritismo em sete lições*
Marcelo Ayres Camurça

CATEQUÉTICO PASTORAL

Catequese – Pastoral
Ensino religioso

CULTURAL

Administração – Antropologia – Biografias
Comunicação – Dinâmicas e Jogos
Ecologia e Meio Ambiente – Educação e Pedagogia
Filosofia – História – Letras e Literatura
Obras de referência – Política – Psicologia
Saúde e Nutrição – Serviço Social e Trabalho
Sociologia

TEOLÓGICO ESPIRITUAL

Biografias – Devocionários – Espiritualidade e Mística
Espiritualidade Mariana – Franciscanismo
Autoconhecimento – Liturgia – Obras de referência
Sagrada Escritura e Livros Apócrifos – Teologia

REVISTAS

Concilium – Estudos Bíblicos
Grande Sinal – REB

PRODUTOS SAZONAIS

Folhinha do Sagrado Coração de Jesus
Calendário de mesa do Sagrado Coração de Jesus
Almanaque Santo Antônio – Agendinha
Diário Vozes – Meditações para o dia a dia
Encontro diário com Deus
Guia Litúrgico

VOZES NOBILIS

Uma linha editorial especial, com importantes autores, alto valor agregado e qualidade superior.

VOZES DE BOLSO

Obras clássicas de Ciências Humanas em formato de bolso.

CADASTRE-SE
www.vozes.com.br

EDITORA VOZES LTDA.
Rua Frei Luís, 100 – Centro – Cep 25689-900 – Petrópolis, RJ
Tel.: (24) 2233-9000 – Fax: (24) 2231-4676 – E-mail: vendas@vozes.com.br

UNIDADES NO BRASIL: Belo Horizonte, MG – Brasília, DF – Campinas, SP – Cuiabá, MT
Curitiba, PR – Fortaleza, CE – Juiz de Fora, MG – Petrópolis, RJ – Recife, PE – São Paulo, SP